Utopie II

Utopie II
Par E. Adam

© Copyright 1994 Les Presses d'Amérique
Une division de l'Agence littéraire d'Amérique
50, rue St-Paul Ouest, bureau 100
Montréal (Québec) H2Y 1Y8
Téléphone: (514) 847-1953
Télécopieur: (514) 847-1647

Illustration de la page couverture:
Jean-Luc Trudel

Composition et montage:
Publinnovation enr.

Correction d'épreuves:
Brigitte Beaudry
Robert Dion

Distribution exclusive:
Québec Livres
2185, Autoroute des Laurentides
Laval (Québec)
H7S 1Z6

Dépôt légal: 3ᵉ trimestre 1994

ISBN: 2-921378-42-6

E. Adam

Utopie II

ou
VERS UNE SOCIETE DES PERSONNES

FICTION

LES PRESSES D'AMERIQUE

TABLE DES MATIERES

AVERTISSEMENT 5

PREMIERE PARTIE 13

LA POLITIQUE I 19

L'ECONOMIE I 33

L'EDUCATION I 47

LA SANTE I 61

DEUXIEME PARTIE 75

LA POLITIQUE II 81

L'ECONOMIE II 103

L'EDUCATION II 127

LA SANTE II 151

EPILOGUE 173

AVERTISSEMENT

S'il advenait que des personnes ou des groupes se sentent visés par le présent récit ou certains de ses passages, l'auteur en exprime d'avance son profond regret. En effet, il ne veut en aucune façon nuire à quiconque, de quelque manière que ce soit, ni blesser qui que ce soit. Il est suffisamment conscient de sa propre sottise pour ne pas traiter de haut celle des autres. Ce qui le console c'est que la grandeur humaine est aussi la sienne.

De plus, il se refuse d'avance à toute explication, entrevue, commentaire, précision. C'est pourquoi il utilise un pseudonyme. Son seul but est de présenter une réflexion qui sera considérée pour elle-même, sans lien éventuel avec les circonstances (identité, sexe, nationalité, domaine d'activité, âge, idéologie, etc.) qui, pour certains, pourraient «expliquer» en tout ou en partie le contenu du récit. Si ce dernier suscite un débat fécond, c'est qu'il vise juste, et son auteur n'a que faire de ce qu'on lui dirait. Dans le cas contraire, qu'on l'ignore, et qu'il tombe dans l'oubli…

En cultivant mon jardin, il m'est arrivé ce qui, selon moi, n'arrive que dans les films ou les romans d'aventure. C'est du moins ce que je croyais jusque-là. Ma pelle a heurté un corps dur, ce qui est encore banal, mais en creusant davantage, j'ai réalisé qu'il ne s'agissait pas d'une pierre, mais bien d'un coffret de métal rouillé, mais par ailleurs intact.

Comme c'est souvent le cas, lorsqu'une surprise est trop grande, j'ai été incrédule. Je n'ai évidemment pas cru à un trésor enfoui, ni à une découverte extraordinaire, ni à quoi que ce soit du genre. J'ai plutôt été piqué de curiosité à l'égard d'un objet qui était sans aucun doute le fait de quelque original qui avait voulu confier à la terre le secret de quelque lubie, ou de quelque attachement romantique et peut-être morbide à l'égard de je ne savais trop quel objet ou quelle personne.

En examinant bien ce coffret, il n'était pas possible de dire s'il était vraiment rongé par le temps ou s'il était rouillé prématurément, car le métal était somme toute relativement mince et de fort mauvaise qualité. La serrure, elle non plus, n'était pas de nature à offrir une bien longue résistance, de sorte que c'est sans peine que je parvins à la faire sauter sans abîmer le coffret, ni son mystérieux contenu.

Mystérieux, ce contenu l'était en effet et il le devenait davantage à mesure que je le découvrais. Il était soigneusement enveloppé d'un sac de plastique translucide à peine froissé dont je n'arrivai à l'extraire qu'avec difficulté, tellement il avait adhéré au plastique. Il était enrobé d'une épaisse couche de paraffine. Intrigué, je me mis à gratter cette couche cireuse avec soin, car je commençais à soupçonner qu'une telle précaution était un indice de la valeur de ce qu'elle renfermait. Je finis par dégager ce qui semblait être un épais cahier encore une fois emballé dans un sac de plastique translucide. Je l'ouvris avec mille précautions, pour constater qu'il s'agissait bien d'un cahier, dont il ne restait que quelques pages blanches, à la fin.

Le tout était admirablement conservé, mais c'est tout de même avec grand soin que je me mis à le feuilleter, conscient que j'avais

7

peut-être entre les mains un objet de grande valeur. En fait, je me demande encore si j'avais raison de le penser. Une chose est sûre, toutefois, c'est que le texte manuscrit que j'avais découvert était écrit d'une main de calligraphe que je croyais n'appartenir qu'à un lointain passé. Mais je n'allais pas m'attarder à ce détail, aussi important fût-il, car ma curiosité me poussait bien davantage à découvrir le contenu de ce manuscrit.

Ce n'est pas sans une certaine gêne, ni une certaine hésitation, que je parle de cette découverte. J'avouerai même que j'ai maintenu pendant longtemps la décision de n'en parler à personne, sinon à mes proches. En effet, je craignais l'accusation d'un procédé littéraire usé qui consiste à faire dire par d'autres ce qu'on n'ose dire soi-même pour mille raisons plus suspectes les unes que les autres. Mais, à la réflexion, je vis dans cette crainte une forme de vanité offensée par procuration qu'il était temps que je parvienne à secouer. Mon jugement n'étant pas à l'épreuve de l'erreur, je laisse au lecteur le soin d'exercer le sien sur une histoire racontée par un inconnu dont je ne sais rien sauf qu'il avait un grand talent de calligraphe. Pour éviter le caractère désagréable des commentaires qui viennent interrompre le récit, j'ai tout simplement résolu de reproduire intégralement ce manuscrit, sans ajouts, sans corrections, sans quelque altération que ce soit.

Le jardinier

Moi, E. Adam, sain de corps et d'esprit, déclare conformes aux faits les événements qui suivent, quoique je n'aie aucune preuve pour confondre les sceptiques. Cette absence de preuves me force d'ailleurs à confier à la terre une histoire qu'elle rendra à qui le hasard voudra.

J'ai depuis longtemps été partagé entre une profonde propension à admirer et aimer les êtres de mon espèce et une aussi profonde déception à leur égard. D'une part, je sais assez à quel point les humains sont capables de grandes et nobles actions, ce qui nourrit mon amitié pour eux, mais d'autre part, je sais aussi à quel point ils peuvent être méchants et retors, ce qui nourrit une méfiance et parfois, je dois bien l'avouer, un certain cynisme vis-à-vis d'eux. Si on me forçait à dire laquelle de ces deux propensions l'emporte, je ne saurais le dire, mais je risquerais le jugement suivant : les êtres humains méritent qu'on prenne la décision ferme de composer avec eux, de les aider quand on le peut, et dans la mesure où on le peut, d'être réceptif à leurs initiatives à notre égard, de les aimer gratuitement et profondément, et cela, indépendamment des propensions spontanées qui nous habitent. Je ne veux pas dire pourquoi, mais cela y est pour quelque chose dans le fait que j'aie pris la peine de relater les événements qui suivent, malgré que je me plaise dans une certaine solitude et que je n'aie pu prendre le risque d'en parler à qui que ce soit de mon entourage.

Voilà. Un soir où je me promenais le long de la rivière qui serpente le champ, derrière mon village, j'ai sursauté en entendant mon nom. «E. Adam!…» interpellait une voix qui semblait venir de nulle part. Saisi d'étonnement, et aussi d'une certaine crainte, malgré que cette voix ait été plutôt bienveillante, je me dirigeai prudemment vers la forêt qui borde le champ. Une seconde fois on appela : «E. Adam…». Intrigué, et voulant en avoir le coeur net, je m'avançai d'un pas résolu vers les arbres, car somme toute ce n'était que de là que pouvait venir cette voix. La nuit était tombée, mais la lune était claire, de sorte qu'il était encore possible de voir que le champ dans mon entourage immédiat était désert.

Je ne fis que quelques pas entre les arbres avant qu'un individu se présente devant moi et m'invite d'un geste à le suivre. Ce que je

9

fis assez volontiers en me disant intérieurement qu'au moindre signe suspect il serait toujours temps de changer d'avis. Je suivis donc l'individu, à distance, et très tôt je vis qu'il n'était pas seul. Tout près de là, je pus distinguer un groupe de personnes assises en demi-cercle autour d'un vieillard. Chose étonnante, tous semblaient m'attendre…

On m'invita à m'asseoir avec eux, et le vieillard me lança, comme s'il avait deviné mes pensées :

— Tu te demandes bien qui nous sommes et ce que nous faisons là, n'est-ce pas?

— En effet…

Je passe par-dessus une foule de détails inutiles pour en venir à l'essentiel de cette rencontre. Rapidement, le vieillard m'expliqua que lui et son groupe étaient des étrangers arrivés d'un endroit dont j'ai mal compris le nom, que c'était au moins la dixième fois qu'ils venaient dans la région pendant de longues périodes, qu'ils avaient visité bien d'autres régions voisines et d'autres lointaines, et que, pour la première fois, ils avaient décidé de contacter un individu de notre espèce…

— Mais alors, dis-je,…

— C'est cela, nous sommes d'une autre espèce. Nous venons de bien loin. Pour tout dire, nous venons d'une autre planète, et même, selon votre vocabulaire, d'une autre galaxie! Il y a bien longtemps que nous étudions votre monde, et comme chez nous, vous semblez divisés en groupes qui ne parlent pas la même langue, qui vivent parfois très différemment d'un groupe à l'autre, mais nous avons bien fini par étudier avec succès votre groupe et votre langue. En fait, nous en avons étudié plusieurs avant d'en approfondir un, le vôtre, dont nous avons mieux appris la langue. Par la suite, nous avons sélectionné quelques dizaines d'individus que nous pourrions aborder, et de la dizaine que nous avons retenue, nous nous sommes repliés sur toi, qui semblais plutôt solitaire, et donc plutôt disponible pour des discussions répétées et prolongées.

— C'est beaucoup d'honneur.

— Bien sûr, nous avons de la considération pour toi. Mais, au risque de te blesser, il faut comprendre qu'il y va de notre intérêt. Nous voulons comprendre comment est organisée votre société, et surtout ce sur quoi repose cette organisation. C'est pourquoi nous comptons sur toi pour nous aider, sans exclure pour autant un recours à d'autres personnes, éventuellement.

— Mais, chez vous, êtes-vous si malheureux qu'il vous faille chercher ailleurs comment améliorer votre situation?

— Ce n'est pas tout à fait cela. En général, nous nous considérons comme heureux, notre vie sociale est satisfaisante, mais récemment, quelques groupes ont réclamé des changements assez considérables qui nous ont fait réfléchir. Ces groupes sont vraiment très minoritaires, mais nous ne voulons pas les négliger pour autant, de sorte que nous avons décidé d'entreprendre une vaste enquête pour étudier les possibilités d'amélioration de notre société. Dans ce cadre, certains, comme nous, ont accepté d'étudier les organisations sociales d'ailleurs. C'est comme cela que nous sommes venus ici, comme d'autres sont allés ailleurs.

— Pouvez-vous me donner une idée de ces «ailleurs»? Y en a-t-il beaucoup? Où sont-ils? Comment voyagez-vous?

— Oh là!... Attends, attends!...

Le vieillard, bien sympathique, riait. D'un air compréhensif, il ajouta qu'il voulait bien répondre à mes questions, mais il me demandait d'être patient et de remettre à plus tard, lors d'une autre rencontre, une telle séance d'information. En priorité, disait-il, lui et ses compagnons voulaient être éclairés sur un grand nombre de points qu'ils n'arrivaient pas très bien à comprendre. Par la suite, si cela m'intéressait, ils me renseigneraient sur leur propre monde, et alors seulement, si j'étais bien d'accord, ils aborderaient des sujets comme ceux que je viens d'évoquer. Tout cela me semblait fort sensé.

11

PREMIERE PARTIE

Le premier entretien, qui fut somme toute passablement bref, attisa une curiosité et une impatience déjà naturellement considérables et dès le début de la seconde rencontre je voulus prendre les devants et lançai :

— Vous savez, l'organisation sociale de notre monde, en tout cas celui de ma société, est très simple. Vous avez déjà compris, comme vous me l'avez dit, que toutes nos sociétés ne sont pas semblables, ni pareillement organisées. Mais la mienne est très simple. Son organisation repose sur une seule idée maîtresse : chacun fait ce qu'il veut, dans la mesure où cela ne contrarie pas les autres. Et lorsque quelqu'un fait quelque chose qui est susceptible de nuire aux autres ou de les contrarier de quelque manière, nous nous réunissons pour décider ensemble qui peut faire ce qu'il veut et dans quelle mesure il le peut.

— Vous seriez alors toujours en réunions de ce genre. Et pourtant, cela ne semble pas être le cas...

— Bien sûr que non. C'est que lors de telles réunions, dans le passé, nous avons pris une foule de décisions qui ont mené à l'instauration de lois, d'institutions et de manières de faire qui nous évitent de perpétuelles consultations. Mais l'idée fondamentale qui préside à notre organisation sociale, c'est, comme je l'ai dit, que chacun fait ce qu'il veut dans la mesure où cela ne contrarie pas les autres. Globalement, cependant, il faut bien admettre que tous les conflits ne sont pas éliminés. La manière dont nous arrivons à résoudre les différends, c'est tout simplement de nous en remettre à la majorité. C'est ce que nous appelons la démocratie. Les groupes, ou les sociétés, s'organisent en fonction de ce qu'ils veulent, comme les individus font ce qu'ils veulent, dans les limites déjà mentionnées.

— C'est ce que nous avions cru saisir, déjà, mais nous nous sommes dit qu'il y avait bien des choses que nous ne comprenions pas encore, car nous observions trop de choses qui contredisaient cette idée.

— Vraiment?

— Mais oui! Mais, pour éviter de partir sur une fausse piste, je veux m'assurer de bien comprendre ce que vous appelez

15

«démocratie». Si j'ai bien saisi, vous entendez par là une forme de gouvernement qui se caractérise par le fait qu'il exécute ce que veut la société ou le peuple. En tout cas, c'est cela qu'il devrait faire.

— C'est exactement cela.

— Mais...

— Mais quoi?

— Laisse-moi t'expliquer ce que nous avons compris, et corrige-nous lorsque tu le jugeras à propos.

Je dois avouer que je commençais à m'impatienter. Comment expliquer quelque chose d'aussi simple? Ou bien il se moquait de moi, ou bien il n'avait pas ce qu'il fallait pour comprendre, même avec les meilleures explications que je pouvais lui fournir. Mais, comme il piquait ma curiosité, que de plus il avait un ton tout plein de bienveillance, je résolus de contenir mes sursauts d'impatience et l'écoutai attentivement. Il poursuivit :

— La conclusion à laquelle mes collègues et moi sommes arrivés, c'est que votre gouvernement et ceux des sociétés semblables à la vôtre ont comme priorité de ne rien faire. Ils ne prennent aucune initiative dans quoi que ce soit, de sorte que c'est tout simplement le hasard qui mène votre société et qui, si cela peut avoir du sens, est à l'origine de votre organisation sociale.

— Quoi? Mais c'est complètement faux! Il y a un million d'exemples où nos gouvernements prennent des initiatives! Et dans plusieurs domaines, comme la sécurité publique, les soins de santé, l'éducation, l'économie...

— Bien sûr, bien sûr. Et dans bien d'autres domaines encore, n'est-ce pas? Mais s'agit-il là de véritables initiatives?

— Evidemment!

— Si tu le veux bien, examinons une autre possibilité. Vos gouvernements ne prennent que les initiatives qu'ils ne peuvent éviter de prendre sous peine d'être défaits et remplacés. Faut-il encore appeler cela des initiatives?

— On peut appeler cela comme on voudra, mais c'est précisément cela la démocratie : les gouvernements font ce que les peuples veulent.

— Je veux bien, mais ce que je suis en train de dire, c'est que les gouvernements ne font pas ce que les peuples veulent!

— En tout cas, le mien, c'est ce qu'il fait...

— Si nous avons bien compris, mes collègues et moi, vos gouvernements... bon, d'accord! ton gouvernement a tout simplement comme priorité de garder le pouvoir sans rien faire. Mais comme cela n'est pas vraiment possible, alors il se résigne à

prendre quelques timides initiatives. C'est comme s'il se disait :
«Je ne fais rien. Et lorsque des gens s'impatienteront, crieront,
manifesteront, alors je verrai comment, en intervenant le moins
possible, je peux les calmer suffisamment pour qu'en ne faisant
plus rien ou presque je puisse encore me maintenir au pouvoir.»

— C'est complètement absurde!…

C'en était trop. Spontanément, j'allais me lever et quitter ces
lieux insensés. Mais il me vint à l'idée que, somme toute, j'étais
dans une situation exceptionnelle. Ma curiosité et aussi, il me faut
bien l'admettre, la bienveillance du vieillard et, apparemment, celle
de ceux qui l'accompagnaient me firent changer d'idée. J'étais
bien résolu à leur montrer à tous qu'ils se trompaient. Mais, pour le
moment, c'en était assez. Je leur fis une suggestion.

— Si cela vous convient, nous pourrions nous revoir, et
examiner plus en détail comment notre société fonctionne. Je pense
que vous conviendrez alors que votre perception doit être corrigée.

Tous approuvèrent avec enthousiasme. Je pris alors conscience
que seul le vieillard s'était entretenu avec moi. Les autres n'avaient
fait qu'écouter notre dialogue. Il faut toutefois reconnaître qu'ils
étaient tellement attentifs que cela même m'avait fait oublier qu'ils
ne participaient à notre entretien que par cette écoute attentive…
C'est ainsi que nous avons convenu de nous revoir ultérieurement
à des moments fixés à la fin de chaque entretien. Nos rencontres
devaient porter sur des sujets plus précis pour éviter que nous nous
perdions dans de futiles généralités.

Nous avions convenu d'aborder quelques grands domaines
d'activités dans un certain ordre, de manière à ce que nos
discussions n'errent pas. Nous étions cependant conscients que les
thèmes abordés pourraient parfois appartenir à plusieurs domaines
à la fois, mais nous ne voulions pas nous formaliser de ce fait et
nous acceptions volontiers quelque arbitraire dans la manière de
classer nos sujets de discussion.

LA POLITIQUE I

Ayant mijoté ce que le vieillard m'avait dit, l'autre soir, j'étais bien résolu à ne pas m'en laisser imposer sur la façon dont nous vivions dans ma société. A la vérité, il lui fallait un certain culot pour affirmer que tout compte fait nos dirigeants avaient comme priorité de ne rien faire! J'allais d'emblée orienter la discussion sur ce sujet.

Je fais grâce à l'éventuel lecteur de mon récit des circonstances entourant chacune des rencontres avec ces étrangers venus d'un autre monde. Non pas qu'elles ne soient pas intéressantes et parfois fort étonnantes, mais je veux limiter mon récit à l'essentiel.

Le moment venu, donc, après de brèves mais courtoises salutations, j'apostrophai le vieillard :

— L'autre soir, vous m'avez bien étonné en disant que nos gouvernements avaient comme priorité de ne rien faire, de sorte que ce serait le hasard qui mènerait notre société.

— Me suis-je donc trompé?

— Je crois qu'il vous manque des données, dont je veux vous entretenir.

— Tu serais bien gentil...

— D'abord, je rappelle qu'une idée simple préside à l'organisation de notre société : chacun fait ce qu'il veut, dans la mesure où cela ne contrarie pas les autres. Cependant, cela ne veut pas dire que nos gouvernements n'ont pas de tâches à accomplir activement. C'est pourquoi je récuse l'idée qu'ils auraient comme priorité de ne rien faire.

— Convenons donc, alors, que nous nous limiterons aujourd'hui à nous entretenir de politique. Comme cela, nous risquerons moins de nous laisser emporter par une foule de sujets qui pourraient nous distraire.

— D'accord.

— Si tu me le permets, je rappellerai aussi que mes semblables et moi avons compris, jusqu'à maintenant, que ta société est organisée essentiellement en fonction de l'idée que tous font n'importe quoi, et que vos gouvernements ont comme priorité de se maintenir au pouvoir et ce, dans la mesure du possible, sans rien faire, et qu'en dernier ressort, c'est le hasard qui mène votre destinée. Si tu remarques bien, je suis en train de soutenir que ta société n'est pas vraiment organisée, mais que ce sont les circonstances qui la façonnent, et non les dirigeants ou les citoyens. C'est pourquoi j'évite de dire que ton gouvernement fait ce que le peuple veut. Nous croyons plutôt que le peuple ne veut rien de précis ou, en tout cas, que dans la mesure où il veut quelque chose, le gouvernement ne s'en soucie guère.

— Tout n'est pas si évident. Quand vous dites que le peuple ne veut rien de précis, quel peuple avez-vous en tête?

— Celui que tu voudras, le tien.

— Déjà, cela est complexe, car nous avons des structures politiques qui résultent de l'histoire, et qui ne sont pas nécessairement le résultat de la volonté de mon peuple.

— Serait-ce outrageant si au lieu de parler de l'histoire je parlais plutôt du hasard? Si j'affirmais que les structures politiques que vous avez résultent du hasard des événements et des «décisions» de vos dirigeants antérieurs, cela serait-il bien différent que d'affirmer qu'elles résultent de l'histoire?

— Bien sûr! Le pays que nous avons actuellement, dans sa forme légale, résulte de véritables décisions prises dans le passé, et nous devons composer avec cela.

— Mais, n'y a-t-il pas d'autres dirigeants, vos dirigeants actuels, qui eux pourraient prendre d'autres décisions qui permettraient de modifier vos structures politiques pour les rendre plus aptes aux circonstances actuelles, de sorte que vous n'auriez pas à vous résigner à «composer avec cela», comme tu dis? Si cela était possible, je verrais mieux comment vous échapperiez au hasard.

— C'est pourtant ce que tentent de faire nos dirigeants. Mais ils n'y arrivent pas vraiment, tellement ils ont les mains liées par toutes sortes de facteurs, dont l'opinion publique qui est très changeante.

— Dont le hasard?

— Que vous êtes fatigant, avec votre hasard!...

— Rappelle-toi. J'ai déjà parlé de la volonté de se maintenir au pouvoir sans rien faire. Le souci de l'opinion publique et des nombreux facteurs auxquels tu penses ne vont-ils pas dans le même sens?

— C'est vrai que beaucoup de politiciens s'adonnent à la politique par soif de pouvoir, mais cela n'exclut pas d'autres motifs comme la générosité, par exemple. De toute manière, même si c'était la seule soif du pouvoir qui amenait les gens à faire de la politique, cela ne serait pas un bien grand mal car, dans nos structures démocratiques, ils demeureraient «condamnés» à bien servir la population, faute de quoi ils perdraient leurs postes...

— J'ai déjà entendu dire par l'un des vôtres que la nature humaine étant ce qu'elle est, à savoir égoïste, égocentrique et pleine de vices, il en résultait, comme par hasard, une harmonie sociale presque idéale... Est-ce cela que tu as en tête?

— C'est un fait que les vices, comme vous les appelez, ou en tout cas les attitudes égocentriques, s'annulent tout en permettant à un dynamisme humain de produire de grandes réalisations. On ne peut amender les lois de la nature. Tout au plus peut-on les «courber» dans la direction souhaitée.

— Souhaitée... par le hasard?

— Encore?! Clarifions ce point, une bonne fois! Ce que vous appelez le «hasard» n'est que le renoncement à mener la vie des autres. Pour nous, la politique ne doit pas aller jusque dans la détermination du genre de vie que les citoyens décident de se donner. C'est eux que cela regarde, et non le gouvernement. La conception du bien et du bonheur est laissée aux individus, et le gouvernement respecte la plus stricte neutralité à cet égard.

— A notre avis, cette neutralité est plutôt de l'indifférence qui a pour résultat une tyrannie, celle de la majorité aléatoire, et donc celle du hasard. Il y a là matière à débat, sans doute, et il serait bien long d'en faire le tour maintenant. Si tu le veux bien, soyons pour l'instant plus systématiques, et je crois que tu comprendras sur quoi reposent nos impressions, quant au fonctionnement de votre société.

— Bon, d'accord...

— Le pouvoir qui structure votre société est un pouvoir qui résulte du peuple, selon toi. Est-ce bien cela?

— Oui, oui, dans le contexte d'élections démocratiques.

— Partons de là. Le point où je veux en venir est qu'il nous est bien difficile de ne pas voir le hasard — eh oui, encore! — à la source même de ce pouvoir.

— Allons-y. Montrez-moi cela...

— Tout d'abord, le processus par lequel des individus ou des partis politiques sont élus nous semble fondamentalement vicié au départ.

— Comment cela?

— Considère simplement comment les élections se passent, généralement. La meilleure façon de ne pas être élu, c'est de parler des vrais problèmes auxquels on veut s'attaquer et des solutions qu'on veut promouvoir…

— Qu'allez-vous chercher?

— Supposons que dans votre société le problème majeur soit l'endettement national qui mine à long terme l'avenir des futures générations. Que penserais-tu d'un parti qui ferait une campagne électorale sur ce thème et sur les moyens concrets de contenir ou de réduire cet endettement? Selon toi, étant donné votre système politique, aurait-il des chances sérieuses d'être élu?

— Pas vraiment, en effet.

— Et si le plus grand problème était l'injustice dans la répartition des richesses, ou plus précisément l'inégalité dans les taux d'imposition, verrais-tu se faire élire un candidat ou un parti qui s'attaquerait à ce problème en disant explicitement que sa priorité est d'instaurer une plus grande équité dans les taux de taxation?

— Il lui faudrait être très prudent et éviter de s'aliéner beaucoup de gens qui trouvent des échappatoires fiscales.

— Et si le problème central de la société était la faiblesse de son système d'éducation ou de son système de soins médicaux, quel candidat ou parti aurait des chances de se faire élire en mettant de l'avant un programme réaliste de correction de l'un ou l'autre de ces systèmes? Aurait-il, d'après toi, quelque chance d'être élu en disant explicitement ce qu'il a en tête comme étapes à parcourir pour atteindre ses objectifs?

— Il aurait avantage à faire valoir les beaux côtés des réformes à promouvoir en en taisant les côtés les plus sombres…

— On pourrait continuer longuement dans cette veine. Ce qu'on peut dès lors remarquer, c'est que pour être élu, un candidat ou un parti a avantage à ne pas dire ce qu'il veut faire ni comment il veut le faire. N'est-ce pas d'ailleurs l'histoire de l'insuccès d'un certain parti de chez vous? De plus, même chez vous, vous reconnaissez que l'«image» présentée par les candidats ou les partis est souvent plus importante que le programme ou les idées que l'on veut promouvoir. N'est-il pas arrivé que certains débats télévisés extrêmement superficiels aient fait la différence dans une élection parce qu'un candidat était plus en verve et plus amusant que son rival? N'est-il pas arrivé aussi que des candidats de valeur aient été systématiquement «coulés» par quelque petit scandale que les médias ont grossi jusqu'à lui donner des dimensions planétaires? Comment ne pas reconnaître à ces médias — et à leur propriétaires — un pouvoir de façonner l'opinion publique qui ne relève pas toujours clairement du sens démocratique?

— L'image est importante en ceci qu'elle témoigne de l'intégrité, de l'honnêteté des candidats. C'est quand même très important, ne trouvez-vous pas?

— Que l'intégrité et l'honnêteté soient importantes, soit. Mais que l'«image» en soit garante, c'est autre chose. Qui n'a pas quelque travers ou quelque expérience regrettable qui suffirait à le «couler» auprès de l'opinion publique, pour peu qu'elle soit au courant? Ce que nous appelons «l'expérience humaine» n'est-ce pas en bonne partie l'histoire des modalités d'une lutte que mène chacun entre le bien et le mal?

— De grâce! Soyons un peu plus terre à terre…

— Je veux simplement souligner l'importance disproportionnée que prend l'«image» des candidats…

— Ces imperfections que vous soulignez, il est bien difficile de les corriger. Elles sont inhérentes à la démocratie. Mais il faut reconnaître qu'elles sont souvent contrebalancées par d'autres facteurs, notamment la liberté d'expression des individus et des groupes. N'importe qui peut, quand il le veut, dénoncer ces imperfections. Ce que les élections démocratiques ont de foncièrement bon, en tout cas, c'est que ce sont les gens impliqués qui jugent si une réforme est souhaitable ou non, et non quelque mandarin enfermé dans sa tour d'ivoire. Ce sont les gens eux-mêmes qui, ultimement, disent oui ou non à ce qu'on leur propose. C'est cela la démocratie. Ce n'est pas un système parfait mais, comme l'a dit un de nos grands politiciens, c'est le moins mauvais.

— Cela n'élimine pas les vices du système lui-même.

— Ils ne sont tout de même pas si nombreux.

— Mais certains sont sérieux. J'en introduis un autre. Quand tu dis que ce sont les gens, au bout du compte, qui décident si une réforme est souhaitable ou non, et non quelque mandarin, est-ce bien exact?

— Comment ne pas le voir? Les élections sont là précisément pour cela!

— Sauf que, lors de la plupart des élections, le choix des citoyens est extrêmement réduit. Il se limite la plupart du temps à choisir entre deux programmes élaborés par des mandarins, précisément, ou des spécialistes, comme vous dites plus souvent. Quand des citoyens, même en grand nombre, ont-ils réussi à ajouter une troisième ou une quatrième possibilité relativement à une politique importante à instaurer, en plus des deux qui sont offertes par les deux partis en présence?

— Ils ont tout loisir de se constituer en parti politique.

— En pratique, est-ce efficace? Faut-il attendre de nombreuses années pour promouvoir efficacement des idées, dans des domaines précis? Ce qui est sérieux, c'est qu'étant donné le système de partis que vous avez, vous êtes limités à vous prononcer entre deux — parfois trois — ensembles de mesures proposées. Or, il peut fort bien se faire que certains votent pour un parti pour un élément de son programme, que d'autres votent pour le même parti pour un autre élément, d'autres encore pour un troisième élément, et ainsi de suite, de sorte qu'il est concevable que l'ensemble de ceux qui ont voté pour le parti vainqueur puisse s'opposer radicalement sur la plupart des éléments du programme de ce parti. Pour toutes les raisons invoquées, comment ne pas conclure alors que les élections que vous appelez démocratiques sont radicalement faussées?

— Allez-vous suggérer de passer par-dessus la volonté du peuple?

— Mais non! C'est précisément le souci des gens qui me fait m'interroger sur la manière de faire dans votre société. Je n'essaie pas de promouvoir un autre système qui passerait par-dessus ce que vous appelez la volonté du peuple. Ce qui m'étonne, c'est que vous appeliez «volonté du peuple» ce qui n'est souvent qu'un espoir mal exprimé de soulager des frustrations : celle d'être mal logé ou mal soigné, celle de ne pas parvenir à se trouver du travail, celle de ne pas réussir ses études, celle d'être la victime d'une criminalité de plus en plus présente dans le quotidien, et combien d'autres!...

— Tout cela n'est-il pas important?

— Sans doute. Mais la tâche de répondre adéquatement à ces exigences suppose que l'on ne se limite pas à «jouer au pompier» et à se brancher d'abord et avant tout sur ceux qui crient le plus fort : il faut voir plus clair et plus loin que cela.

— Reprochez-vous à nos dirigeants leur manque de vision?

— La plupart du temps, ceux qui occupent des postes de politicien sont complètement débordés par l'urgence des tâches immédiates. Ils n'ont pas le temps ni l'énergie qu'il faudrait pour faire mieux que ce qu'ils arrivent péniblement à faire.

— La politique est-elle si désespérante? Que suggérez-vous, alors?

— J'y reviendrai plus tard. Je voudrais nommer quelques

autres éléments qui nous amènent, mes semblables et moi, à parler de hasard, dans la menée de votre organisation sociale.

— Y en a-t-il beaucoup?

— Oh oui! Comme la politique concerne l'organisation sociale, elle touche à beaucoup de domaines, comme la sécurité publique, l'éducation, les institutions de santé, pour ne nommer que ceux-là, et nous risquerions de nous égarer inutilement. Pour éviter de nous éparpiller dans toutes les directions, je réserve pour plus tard mes réflexions — comme toujours, lorsque je dis «mes» réflexions, il s'agit, bien sûr, de ces réflexions que nous nous faisons, mes semblables et moi — sur certains de ces sujets. Pour le moment, je me limite à ce qui concerne l'aménagement de ce qu'on appelle généralement le système politique.

Un autre travers de ce que vous appelez «système démocratique» est que dans la pratique un gouvernement peut faire à peu près n'importe quoi, à l'intérieur de son mandat.

— Il risque alors de perdre le pouvoir aux élections suivantes...

— Peut-être, mais entre-temps, il a les coudées franches et peut faire ce qu'il veut. Prenons simplement le point suivant. Puisque les gens votent à partir d'un programme global, il pourrait se faire qu'ils votent en faveur d'un parti principalement parce qu'il met de l'avant une mesure qu'ils trouvent particulièrement importante pour eux. Par exemple, ce pourrait être la promesse de créer un très grand nombre d'emplois.

— Ça, c'est toujours une promesse efficace!

— Mais une fois au pouvoir, a-t-on déjà vu un parti réaliser cette promesse? Pour être certain de bien me faire comprendre, je vais caricaturer — est-ce vraiment une caricature? — quelque peu. Supposons donc qu'un parti fasse cette promesse, lors d'une campagne électorale, et que par ailleurs il soit très évasif quand aux autres problèmes de la société qui exigeraient des prises de position claires. Une fois élu, ce parti peut très bien adopter des mesures draconiennes dans des domaines sur lesquels il y aurait eu à peine quelques débats qui seraient passés à peu près inaperçus.

— Donnez des exemples...

— Voici. Supposons que, soi-disant pour favoriser un climat propice à la création d'emplois, un gouvernement fauche dans les dépenses publiques de la santé, de l'éducation, des mesures sociales qui ont pour but de venir en aide aux plus démunis. Il est possible qu'ayant su cela d'avance, beaucoup de gens auraient été refroidis à l'idée de prendre de tels moyens, même dans le but louable de créer des emplois. De plus, il se pourrait fort bien que ce «climat favorable à la création d'emplois» ne réussisse pas à atteindre le but visé, ni dans l'immédiat ni plus tard, de sorte qu'il pourrait en résulter une perte nette d'emplois et de services. Dans votre système politique actuel, cela n'est-il pas vraisemblable?

— A qui le dites-vous!...

— Cela a des implications très graves, même dans la logique de votre système démocratique.

— Que voulez-vous dire, au juste?

— Ce que vous appelez la légitimité politique en prend pour son rhume, dans ce genre de situations.

— Je vous rappelle que vous-même disiez exagérer pour faire comprendre votre point...

— Sans doute. Mais ne vous arrive-t-il pas d'être gouvernés par un gouvernement qui n'a derrière lui l'appui que du cinquième de la population?

— C'est extrêmement rare.

— Mais possible, n'est-ce pas? Et ce qui est moins rare, c'est que moins de la moitié de la population appuie de façon générale son gouvernement, au cours de son mandat. Et à propos d'une foule de sujets importants, il est fréquent que l'appui de la population soit à peine du tiers. Et vous appelez cela la loi de la majorité? Vous appelez cela de la démocratie?

— Qu'allez-vous nous suggérer de mieux?

— Un dernier point. Quand vous soutenez élire démocratiquement des candidats, ceux-ci demeurent-ils représentatifs? Véhiculent-ils au lieu où se prennent les décisions du gouvernement ce que vous appelez la volonté du peuple?

— Mais bien sûr! Autrement, vous verriez comment ils perdraient les élections suivantes...

— Entre-temps, ils demeurent légalement en poste.

— Il le faut bien. Mais, dans la pratique, les gens élus se soucient de ne pas mécontenter leurs commettants, car ils sont soucieux de leur propre avenir. Cela les amène à prendre des positions qui vont dans le sens voulu par les citoyens.

— Mais les candidats élus n'ont pas toujours le temps, ni les moyens, de consulter leurs commettants avant de prendre position sur des questions importantes. Comment parler de représentativité, alors?

— Dans ces cas-là, ils s'en remettent à leur propre jugement.

— Est-ce pour cela qu'ils ont été élus? Dans la pratique, n'ont-ils pas tendance à se rallier à ce que le parti exige d'eux, indépendamment de ce que veulent leurs électeurs?

— Ecoutez! Vous n'avez pas à me convaincre que notre

système n'est pas parfait. Nous en avons déjà convenu. Une chose est claire, cependant, c'est que ce genre de système donne lieu à une société qui fonctionne bien, et dans laquelle les gens sont suffisamment bien pour ne pas vouloir en changer. Ne juge-t-on pas l'arbre à ses fruits? Notre société fait l'envie de bien d'autres!

— «Les gens»! Lesquels? La majorité? Ceux qui auraient le pouvoir de changer les choses? Les plus puissants? Les plus riches?

— Il y a certes toujours quelques originaux, quelques intellectuels un peu illuminés qui défendent l'idée d'une société juste. Ceux-là diraient que tout va mal, mais le plus souvent, il s'agit de quelques individus en mal de publicité et qui veulent expliquer par les structures sociales leur manque de réussite personnelle...

— Vraiment? Il y a sans doute un certain nombre de ces gens dont tu parles, mais il y en a beaucoup d'autres qui n'entreraient pas dans cette catégorie.

— Que voulez-vous dire, au juste?

— Sans verser dans la démagogie, ou dans un pathos indu, il nous arrive de nous demander si l'ordre social auquel donne lieu votre système politique est souhaitable quand on observe plusieurs faits troublants.

— Je ne demande pas mieux que de vous entendre élaborer là-dessus...

— Une des meilleures fenêtres sur l'état de santé d'une société, c'est la jeunesse. Or, chez vous, on ne semble pas en faire grand cas.

— Comment cela?

— Tout d'abord, on ne semble plus vouloir d'enfants. Comme s'ils étaient embarrassants. Nous n'avons jamais pu observer un aussi bas taux de natalité que chez vous. Nous essayons de comprendre, sans y parvenir, quelles tâches importantes, voire vitales, rendraient les enfants encombrants...

— Cela est un phénomène qui n'est pas propre à notre société, et qui dépend en grande partie de facteurs d'ordre économique.

— Nous y reviendrons, à ces facteurs économiques. Pour l'instant, j'attire l'attention sur la jeunesse, car elle est comme un système d'alarme qui rugit sans qu'on puisse l'arrêter.

— Vous n'exagérez pas un peu?

— Regarde simplement autour de toi. Quand les enfants n'ont plus le goût de rire, quand ils sont blasés et n'ont plus le goût de jouer, quand ils sont désabusés, la société à laquelle ils appartiennent est gravement malade.

— Il est vrai que le nombre d'enfants par famille a beaucoup diminué, avec le temps. Mais les enfants qui sont là rient et jouent. Enfin…, c'est le cas de beaucoup, même si je dois reconnaître que beaucoup s'ennuient profondément et cela, très jeunes.

— A l'école, combien sont désabusés et «décrochent»!

— Il y a souvent un environnement familial pas très sain qui pourrait expliquer cela en grande partie. On peut penser au fait que de nos jours beaucoup d'enfants vivent dans une famille que nous appelons «monoparentale» et qui présente parfois certaines difficultés, notamment économiques, et parfois affectives.

— Sans doute. Mais ce genre d'environnement semble avoir pris des proportions qui nous laissent ahuris. Comme c'est le cas aussi du grand nombre de jeunes qui attentent à leurs propres jours. C'est inadmissible, dans une société saine.

— Notre société n'est pas parfaite… Comme vous le voyez, les jeunes ont des problèmes qui tiennent souvent au fait qu'ils se sentent délaissés, parfois par leurs parents, parfois par leurs professeurs, parfois par la société dans son ensemble. Vous n'avez pas encore parlé du découragement de nombreux jeunes vis-à-vis de leur avenir professionnel. Le haut taux de chômage, la difficulté de se trouver un emploi, la longueur et le coût des études, tout cela n'est pas très motivant pour bien des jeunes. Il n'est pas étonnant, dès lors, que certains «décrochent», comme on dit. Cela explique en partie la recherche effrénée d'excitants comme la drogue ou la violence des gangs. On veut secouer, sans trop y arriver, une léthargie morbide qui colle à la peau.

— Comment les parents et, de manière générale, les éducateurs n'arrivent-ils pas à mieux aider ces jeunes?

— Vous avez pu le constater, l'autorité n'est plus très très prisée,chez nous. Les enfants envoient assez allègrement promener leurs parents et leurs professeurs, de nos jours.

— Comme les citoyens le font à l'égard de leurs dirigeants, sans doute?

— En effet… C'est que dans le passé, nous avons été étouffés par une autorité beaucoup trop dominatrice. Il y a une réaction à cela, maintenant.

— Cela suffit-il? Dans bien d'autres sociétés, il y a un exercice d'autorité beaucoup plus ferme et beaucoup plus sévère que ce que vous avez connu, et cela ne donne pas lieu à la crise d'autorité que vous semblez connaître.

— Il faut ajouter que nombreux sont ceux qui ne savent plus où donner de la tête, dans ce domaine.

— C'est aussi ce qu'il nous semble. Le problème de l'autorité mériterait sans doute une réflexion approfondie, particulièment dans le domaine de l'éducation. Nous avons aussi parlé de facteurs économiques qui peuvent expliquer bien des choses. Mais gardons cela pour plus tard.

— Vous savez, si vous oubliez les facteurs économiques, bien des problèmes seront réglés, ou oubliés…

— Peut-être. Mais pour l'instant, je voudrais attirer l'attention sur d'autres phénomènes que nous observons, et qui, tout en dépendant en partie de facteurs économiques, ne peuvent y être réduits.

— Lesquels?

— Vous avez une économie suffisamment prospère pour que beaucoup de faits deviennent inexplicables à nos yeux, notamment l'abandon presque total des personnes âgées.

— Comment? Vous pensez que dans notre société nous ne nous préoccupons pas d'elles?

— Peut-être y a-t-il là une exagération de notre part qui vient du contraste entre la considération que reçoivent les personnes âgées chez vous et celle qu'elles reçoivent chez nous. Dans notre société, nous avons le plus grand respect pour elles. Chez vous, elles ne semblent pas compter beaucoup…

— Cela est pourtant contredit par l'importance que les gouvernements leur accordent dans leurs budgets.

— Vraiment? Ces sommes, qui peuvent être considérables, sont-elles vraiment consacrées aux personnes âgées elles-mêmes, plutôt qu'à faire taire les cris d'indignation d'une partie de la population?

— Que voulez-vous dire?

— Il ne suffit pas d'investir de grosses sommes dans la construction d'édifices pour les personnes âgées, ni d'assurer la gratuité de médicaments souvent inutiles, pour soutenir que vous avez de la considération pour ces personnes. Parfois, il suffirait simplement de les écouter et de les aider à réaliser ce qu'elles veulent réaliser.

— Avez-vous des exemples en tête?

— Pensons seulement au désir d'un grand nombre de personnes âgées qui ne demandent pas mieux que de demeurer chez elles — et non dans une institution pour personnes âgées — en sécurité jusqu'à la fin de leurs jours. Très souvent, le consentement à aller vivre dans une institution pour personnes âgées ne tient qu'à l'insécurité quant à leur santé, et au fait qu'elles se sentent seules et délaissées.

— Ces institutions que nous appelons «foyers pour personnes âgées» ne comblent-elles pas ces besoins?

— Pour beaucoup, elles sont un moindre mal. Il serait tellement plus simple, et surtout plus satisfaisant, d'assurer à domicile des soins de santé et une présence humaine... Mais nous y reviendrons.

— J'espère bien que nous y reviendrons! Car il m'est difficile d'imaginer comment il y a moyen de faire beaucoup plus que ce que nous faisons actuellement, avec les moyens dont nous disposons.

— Pourtant... Mais, à plus tard. Je voudrais encore attirer ton attention sur un point que nous nous expliquons mal.

— Lequel?

— Dans votre société, beaucoup de gens sont laissés pour compte. Il y a des sans-abris, des femmes abandonnées par leurs conjoints, des gens qui n'ont pas le nécessaire pour vivre, des jeunes désespérés, et j'en passe.

— C'est malheureux, mais nous ne vivons pas dans un monde parfait...

— Ce à quoi je veux en venir, c'est au fait que votre société semble moins soucieuse de s'occuper d'eux que de fournir des conditions de vie au moins minimales aux plus grands criminels...

— Quoi?

— Considère simplement le fait que les plus grands meurtriers que vous gardez en prison sont logés et nourris aux frais de l'Etat, alors que des gens très honnêtes, qui n'ont fait de tort à personne, vivent dans les conditions les plus sordides. N'est-ce pas pour le moins étonnant, sinon scandaleux?

— Allez-vous nous suggérer de ne pas nourrir les prisonniers, de les laisser en liberté dans la rue, même s'ils peuvent être dangereux? De plus, ce sont tout de même des humains, et nous devons les considérer comme tels. Ces gens ont des droits qu'on ne peut ni ne doit ignorer. N'êtes-vous pas d'accord?

— Certainement. Mais à plus forte raison devrait-on considérer aussi comme des humains ceux que je viens de nommer et qui ont autant de droits que les criminels... Ce qui nous étonne, c'est que dans votre société, si quelqu'un voulait s'assurer logement et nourriture, il n'aurait, en dernier ressort, qu'à réaliser le plus grand méfait, et cela lui serait assuré!

— En connaissez-vous vraiment qui se soient dit cela? Allez-vous envier le sort des prisonniers?

— Je n'envie certainement pas leur condition! Je sais bien qu'elle n'est pas très souhaitable. Ce que je dis, c'est qu'au moins on leur assure, à eux, le minimum vital, alors qu'on ne le fait pas pour d'autres. Et pour répondre à ta première question, la réponse est «oui»! Quant à la question des droits, il y a là aussi matière à étonnement.

— Que voulez-vous dire?

— Il va de soi que dans une société, les personnes ont des droits. Mais, quand on observe ta société, il y a de quoi s'interroger. Partout on invoque le respect de droits plus fondamentaux les uns que les autres. Les plus grands criminels ont droit à un procès juste et équitable, ce qui est très bien, quand on n'entend pas par là qu'ils doivent à tout prix être acquittés. Les condamnés pour les pires crimes ont droit au logement et à la nourriture, fort bien, tant qu'on ne leur accorde pas un droit de grève pour garantir la qualité de leur nourriture, et le droit à l'émeute lorsqu'on ne remplace pas immédiatement l'appareil de télévision qui vient de tomber en panne pendant un match des séries finales.

— Vous n'exagérez pas un peu?

— Vraiment? Combien de gens, dans ta société, ne considèrent-ils pas qu'ils ont une liste interminable de droits sans pour autant avoir une liste aussi longue de devoirs? N'exagère-t-il pas, l'étudiant qui soutient avoir droit à une éducation de qualité gratuite et qui réclame de plus l'obtention d'un diplôme sans assurer le travail et les efforts requis en prétendant qu'il s'agit là d'un droit? Ne va-t-on pas crier à la discrimination dès qu'on refuse un emploi à un incompétent? Ne voit-on pas certains enfants réclamer comme un droit une voix égale au chapitre vis-à-vis de leurs parents, de leurs professeurs, des autorités publiques? Combien d'autres exemples ne trouverait-on pas pour illustrer que votre société est comme un grand tricot dont il suffirait de tirer la maille des droits pour qu'il se désintègre? Réclamer des droits est devenu un moyen de récuser tout devoir, toute responsabilité. On réclame des droits au nom de la personne, mais on néglige souvent la personne elle-même!

— Les choses n'en sont tout de même pas à ce point...

— Dans ta société, quand entend-on parler de devoirs? Devoirs des enfants vis-à-vis des parents, de leur famille? Des étudiants vis-à-vis de leurs éducateurs? Des bénéficiaires de l'aide sociale vis-à-vis de la société? Des employés vis-à-vis de leurs employeurs? Un tissu social, comme une feuille de papier ou un tissu au sens premier du terme, ne peut être constitué que d'un seul côté...

— J'ai pourtant concédé que notre société n'était pas parfaite. Depuis quelque temps, vous ne faites que repérer des imperfections de notre vie sociale. Je n'ai jamais prétendu qu'il n'y en avait pas...

— Tu as pourtant prétendu que votre organisation sociale avait comme résultat une société qui fonctionnait bien et qui faisait l'envie de bien d'autres, selon tes propres mots. J'ai voulu montrer que ce n'était pas si évident. Je suis cependant d'accord avec toi qu'on «juge un arbre à ses fruits». Et je reviens à mon point de départ: c'est le hasard qui semble présider à votre organisation sociale, et cela donne lieu à des difficultés qui nous apparaissent surmontables.

— En principe, je veux bien. Mais les limites qui sont les nôtres sont avant tout des limites économiques. C'est pourquoi nous trouvons importante la croissance économique, dans notre société. C'est pour réduire le plus possible ces imperfections que vous avez soulignées, et bien d'autres encore.

— Il ne s'agit pas uniquement d'économie. Ce qui ne veut pas dire que je n'y vois pas là un domaine qui est très important dans la vie en société. Par exemple, je comprends très bien que le taux de criminalité ne soit pas complètement étranger aux conditions économiques. Mais, puisque tu insistes, je renonce à en parler maintenant. Ce n'est toutefois que partie remise. Pour le moment venons-y, à l'économie. Je prétends qu'on y retrouvera la même faille.

— Laquelle?

— Elle aussi est menée par le hasard. Ce qui donne lieu, dans ce domaine aussi, à des problèmes...

— Le hasard! Comment n'y avais-je pas songé!... Mais, puisque vous êtes d'accord, venons-en à l'économie. En tout cas, le moins que je puisse dire, c'est qu'à vous entendre, notre société est presque un enfer!

— Je n'irais pas jusqu'à dire cela. Je pense seulement que votre organisation sociale n'est pas très enviable, quand on l'observe de près.

L'ÉCONOMIE I

— Selon nous, le domaine de l'économie est peut-être celui où il apparaît le plus clairement que votre société est menée par le hasard.

— Vraiment?

— La loi de l'offre et de la demande est une expression qui laisse entendre que tous et chacun peuvent faire ce qu'ils veulent, et que c'est en fonction de cela que la société aura à s'organiser...

— Attention! Cela est vrai dans le domaine de l'économie, pas dans tous les domaines!

— Mais, n'entendons-nous pas dire constamment, chez vous, que c'est l'économie qui est le coeur de l'organisation sociale? Dans les autres domaines, que ce soit la politique, l'éducation, la santé, n'a-t-on pas comme priorité la réduction des coûts? N'avez-vous pas souvent à l'esprit le souci de la «rationalisation», qu'il faut comprendre comme le moyen de maximiser le rendement en minimisant les coûts?

— Est-ce le hasard, cela?

— Ce qui relève du hasard, ce n'est pas la gestion des ressources, c'est ce qu'on vise à réaliser, ultimement, au terme de cette gestion. En clair, quand on veut réduire les coûts, quand on veut augmenter le rendement des entreprises, des individus, que cherche-t-on à réaliser?

— Ce qu'on cherche à maintenir, c'est la croissance économique. Car c'est d'elle, finalement, que dépend le bien-être de tous et de chacun.

— N'est-il pas plus réaliste de parler, dans le cas de votre société, d'un bien-être global, abstraction faite des personnes qui composent votre société?

— C'est en partie vrai, mais en partie seulement, car le bien-être global se répercute sur tous. Par exemple, si la richesse collective est suffisante, elle permet des mesures sociales dont tous peuvent bénéficier, comme les soins de santé, l'éducation, les pensions de vieillesse. De plus, une richesse collective peut même déborder sur d'autres collectivités. L'aide internationale, en particulier à l'égard de ce que nous appelons le tiers monde, en est l'illustration la plus nette.

— A première vue, cela est sensé. Je reconnais d'emblée qu'il nous manque fort probablement beaucoup de données mais, selon notre perception, qui est sans doute partielle, il en va tout autrement.

— Comment cela?

— Ce que je veux dire, c'est que ce que vous appelez le bien-être collectif n'est pas une visée importante, dans votre société. Elle n'est qu'un moyen de ne pas s'aliéner trop considérablement les moins bien nantis, de manière à ce que les plus débrouillards, les mieux nantis dans tous les domaines, puissent compter sur l'absence de révolte de la part des plus démunis.

— Cela n'est pas évident du tout.

— Comment expliquer alors que même dans une société extrêmement riche en ressources de toutes sortes, bon nombre de gens n'arrivent pas même à se loger et à se nourrir décemment? Comment expliquer que dans une société particulièrement riche il y ait autant de gens qui soient aussi démunis, qui vivent dans des conditions comparables à celles que l'on peut observer dans le tiers monde?

— Pourtant, nous fournissons beaucoup d'aide au tiers monde…

— Nous reviendrons sur cette aide internationale.

— Si vous le voulez. Pour le moment, je voudrais simplement insister sur le fait que nous avons fait la preuve que l'économie la plus prospère est celle qui laisse le plus possible aux individus la possibilité de faire ce qu'ils veulent, dans la mesure où cela ne nuit pas aux autres.

— Comme en politique, à ce que je vois…

— Exactement. En clair, cela veut dire que le moteur de l'économie, c'est l'individu et sa soif de richesse.

— Dès qu'un certain seuil de richesse est atteint, ne serait-il pas souhaitable de tempérer cette soif?

— Si vous voulez tuer la poule aux oeufs d'or, ce serait le meilleur moyen. Dans certains pays, c'est ce qu'on a fait. Et on reconnaît maintenant assez généralement que ce fut une erreur à ne pas répéter. De toute manière, on ne peut changer la nature humaine. La soif de richesse est pratiquement instinctive et toute tentative de mutilation se paie très cher, car ou bien on doit imposer à la population une chape de plomb pour la contenir au nom de quelque grand principe abstrait, et alors se développent une économie sous-terraine et une corruption qui faussent les lois du marché et minent la productivité dans son ensemble, ou bien on asservit psychologiquement ce quasi-instinct à un soi-disant idéal, et alors on donne lieu à un fanatisme incompatible avec toute originalité et toute créativité, tuant par là le nerf sensible de la productivité.

— Cela me confirme dans l'impression d'anarchie que suscite l'observation de votre société.

— Notre société est loin d'être anarchique. Elle est très bien structurée, et elle fonctionne très bien...

— A première vue, peut-être. Mais dès qu'on y regarde de plus près, cet ordre apparent s'avère le plus grand désordre...

— Comment cela?

— Laissée à elle-même, la soif de richesse dont tu parles donne lieu à des aberrations gigantesques.

— Vraiment? Avez-vous des exemples?

— Il est facile d'en nommer plusieurs. J'y viendrai bientôt. Ce qui nous frappe, mes semblables et moi, c'est que votre économie est le reflet exact de votre politique, à savoir, on veut intervenir le moins possible dans le cours des choses sauf quand, dans l'immédiat, quelque distortion flagrante du système risque de lui faire un trop grand tort. C'est comme cela qu'on jugera utile d'intervenir pour venir en aide à quelqu'un qui se trouve dans une situation catastrophique. Par exemple, un gouvernement n'hésitera pas à débloquer des fonds pour assister une population qui aurait été la victime d'une tornade.

— Allez vous condamner une telle intervention des autorités publiques?

— Mais non, au contraire. Ce que je trouve déplorable, c'est qu'on attende de telles catastrophes pour se préoccuper des gens!...

— J'attends votre démonstration avec impatience.

— Quel genre de démonstration serait convaincante? Il suffit de mettre en perspective un ensemble de faits observables, et alors on ne peut manquer de s'interroger sur les causes qui génèrent ces faits...

— De grâce, soyez un peu plus concret!

— D'accord. Je me limiterai à deux points qui me semblent d'une importance majeure. Dans votre société, comme dans toutes les sociétés, les ressources sont limitées, et je comprends très bien qu'on veuille les augmenter, d'où l'importance de ce que vous appelez la croissance économique. Soit. Mais, dans votre société, les deux anomalies qui me semblent les plus sérieuses sont qu'en dépit du fait que vous ayez déjà les ressources suffisantes pour combler amplement les besoins les plus fondamentaux de tous, comme je l'ai affirmé plus tôt, beaucoup de gens vivent comme dans le tiers monde. Il n'est pas étonnant, dès lors, qu'il y ait dans vos sociétés les plus riches un tel taux de criminalité et que beaucoup de riches se barricadent chez eux, dans des quartiers qui sont parfois devenus de véritables forteresses. Beaucoup de criminels et de délinquants semblent se dire: «La société me rejette, eh bien, voyez ce que j'en fais de cette société et de ses lois!»

— La distribution des richesses résulte de notre conception de l'économie. Essayez de redistribuer autrement les richesses et vous allez réaliser avant longtemps qu'il n'y aura plus de richesses à redistribuer! Cela parce que vous aurez tué la source de la productivité, comme je l'ai expliqué.

— Cela m'apparaît en partie contestable. Allouons pour une certaine soif de richesse qui serait en partie inévitable, et avec laquelle il faudrait composer. Mais il y a tout de même des limites à cela. La seconde anomalie est que, en plus de la distribution fort inégale des richesses, vous laissez libre cours à un gaspillage effréné de ressources sans lequel tous, même les plus démunis, auraient ce qu'il faut pour vivre décemment. De sorte qu'il y aurait moyen, pour peu qu'on s'en donne la peine, de prendre quelques mesures pour assurer un minimum décent pour tous et chacun, tout en laissant, à l'intérieur de certaines limites, la possibilité de poursuivre un enrichissement très considérable.

— Qu'il y ait du gaspillage, je veux bien. C'est inévitable. Mais qu'il soit aussi significatif, cela exigerait des exemples éloquents...

— J'arrive à ces exemples. Mes semblables et moi sommes complètement ahuris de voir que des individus gagnent de véritables fortunes en salaires pour des performances en soi à peu près insignifiantes.

— Que voulez-vous dire, au juste?

— Je veux dire qu'il est difficilement compréhensible, par exemple, qu'un individu reçoive une fortune, annuellement, pour frapper une balle alors qu'un autre reçoit une fortune équivalente pour la lancer sans que le premier réussisse à la frapper. N'est-ce pas pour le moins étonnant quand on sait que bon nombre de gens pourraient avec peine se payer la balle et le bâton avec lequel on essaie de la frapper?

— Vous êtes injuste! Vous faites allusion à un sport que beaucoup apprécient. Le sport, chez nous, est une industrie comme les autres : elle fonctionne avec de gros budgets parce que la demande est là. Les gros salaires dont vous parlez ne viennent pas des fonds publics. Ils viennent de gens qui consentent à payer pour assister à des spectacles qu'ils apprécient.

— Comment expliquer alors que votre gouvernement se soit engagé à soutenir le financement d'un stade extrêmement coûteux par le biais de taxes prélevées même auprès de gens à qui ce sport et le sport en général ne disent rien?

— Même en admettant que vous ayez raison, à propos de cet exemple — ce que je n'admets toujours pas — ce ne serait toujours là qu'un seul exemple!

— Il est pourtant assez facile de généraliser sans tomber dans l'invraisemblance. Il suffit d'évoquer le caractère incompréhensible du culte des stars. Que ce soit dans le domaine du sport — baseball, golf, boxe, hockey, tennis, course automobile, football, et combien d'autres! — du cinéma, de la chanson, des gens font des fortunes immenses en ayant des performances exceptionnelles, sans doute, mais dans des choses souvent tout à fait insignifiantes, et cela, dans un contexte où vos gouvernements leur accordent une contribution parfois très substantielle.

— Il s'agit de domaines qui procurent de fortes émotions à beaucoup de gens. Cela fait partie de la vie, et il faut composer avec cela.

— Même au prix d'oublier la grande pauvreté de beaucoup de gens devenue banale et par là incapable de susciter l'émotion? Ce gaspillage à l'égard des stars, dans un contexte d'une industrie du spectacle savamment entretenue par la publicité nous apparaît absurde, tout autant que le fait qu'on voudrait faire croire que les gens veulent consommer ce qu'ils consomment. Si cela était vrai, pourquoi alors consacrer des sommes colossales en publicité qui vise précisément à faire «vouloir» acheter ce qu'on veut faire acheter? Il y a là un cercle vicieux que nous trouvons difficilement acceptable...

— C'est que vous ne comprenez pas notre économie. Il faut entretenir le besoin de consommation pour entretenir la production et susciter la concurrence qui mène à de meilleurs produits au meilleur coût...

— ... pour créer une plus grande richesse collective dont tous bénéficieront... Oui, oui... Est-ce vraiment là le but poursuivi?

Autant qu'il est possible d'en juger, nous avons quant à nous l'impression que vous faites tout votre possible pour qu'un moteur s'emballe et mène la barque le plus rapidement possible... n'importe où, au hasard. Et vous appelez cela la «croissance économique»!

— Que vous êtes pessimiste! Ce que vous décrivez est-il si catastrophique?

— Je ne dis pas que cela soit catastrophique. Je dis seulement que nous trouvons cela aberrant.

— Vous n'avez pas l'aberration un peu facile?

— Juges-en toi-même : dans un match éliminatoire de hockey, de baseball, de football, et combien d'autres encore, combien coûte une seule demi-minute de publicité? N'est-ce pas autant que ce que coûterait la nourriture pour nourrir une ville entière, dans certains pays où l'on meurt littéralement de faim? Et en plus, pour quel genre de produit paie-t-on aussi cher, sinon pour des produits qui sont loin d'être de première — ou de deuxième ou de troisième — nécessité?

— Encore une fois, c'est que vous comprenez mal notre économie...

— Le bien-fondé de sa visée, en tout cas, nous échappe, c'est vrai.

— Si vous remarquez, vos exemples se limitent au domaine privé, c'est-à-dire à ce domaine de décisions qui relève non pas des gouvernements, mais des individus et des groupes. Comme nous accordons beaucoup d'importance à la liberté individuelle, il nous faut bien composer avec les décisions des individus et des groupes. Il y a longtemps que nous avons réalisé que nous ne vivions pas dans un monde parfait. Ce que nous faisons, c'est tout de même dans l'espoir de vivre le mieux possible — devrais-je dire le moins mal possible? — dans un tel monde. Qu'il y ait du gaspillage, comme vous le dites, nous le reconnaissons. Mais il s'agit là d'un mal inévitable...

— Il est sans doute vrai que pour endiguer tout gaspillage, il faudrait instaurer des mesures dont l'effet pervers dépasserait considérablement les inconvénients de la situation actuelle. Là où les correctifs demeurent possibles, c'est dans le domaine que l'on qualifie de «public». Mais là aussi, semble-t-il, vous suivez la logique du laisser-faire.

— Cela n'est pas vrai!

— Pourtant, il est déprimant d'observer d'année en année la suite que les gouvernements donnent aux rapports successifs de ce que vous appelez le «vérificateur général». Plus les scandales administratifs ou politiques sont gros et plus on insiste pour affirmer qu'on prendra des mesures draconniennes pour corriger les anomalies dénoncées, plus on s'ingénie à les camoufler au public, de manière à étouffer ces scandales.

— Vos propos sont tellement généraux...

— Si tu le veux, de crainte d'être odieux à l'égard de quelque ministre ou de quelque fonctionnaire, je me limiterai à attirer l'attention sur des aberrations qui ne sont pas matière à scandale puisqu'elles sont largement connues du public, mais qui constituent un gaspillage très considérable, dont les gouvernements sont responsables, et qu'ils auraient la capacité de corriger.

— D'accord.

— Parlons de la dette publique. Il y a chez vous des économistes et des politiciens qui soutiennent qu'un endettement public, aussi considérable soit-il, n'est pas si catastrophique que certains le prétendent. A entendre certains de ces économistes, on pourrait gonfler temporairement cette dette sans inconvénient — et même au contraire avec profit! — si l'endettement supplémentaire que l'on veut promouvoir était bénéfique en regard d'une croissance économique accélérée. Cela est en principe possible. Mais, quand on constate que d'année en année, de mandat en mandat, on répète continuellement la même chose pour excuser l'absence de mesures sérieuses et efficaces pour contenir l'endettement public, il y a là un manque de sens des responsabilités qui pose problème. On ne semble pas se soucier des générations futures, ni même de la génération présente, davantage que de sa propre réélection. Cela est très grave.

— Allez-vous soutenir qu'il est facile de contenir une dette publique considérable?

— Ce qui est particulièrement difficile, c'est de vraiment prendre à coeur l'intérêt public comme moyen de prendre en considération les personnes elles-mêmes. N'est-ce pas ce que les gouvernements prétendent faire?

— Sans doute, mais cela demeure extrêmement difficile, concrètement.

— Pourtant, cela est possible dès que l'on se penche sur les gaspillages institutionnalisés.

— Comment montrer cela?

— Je me limiterai à quelques exemples. Il y a d'abord l'évasion fiscale. Cela semble un fait bien connu que des individus très riches, de grandes entreprises et des groupes importants trouvent des moyens ingénieux — même s'ils ne sont pas toujours très ingénieux — de contourner l'obligation d'apporter leur contribution au fisc. Du point de vue d'une société bien organisée, il s'agit là d'un gaspillage.

— Avez-vous songé que pour prendre des mesures efficaces, il en coûterait plus cher que les ressources ainsi récupérées?

— Cela est peut-être vrai en ce qui concerne les contributions minimes des particuliers et des petites entreprises. Mais cela est loin d'être le cas en ce qui concerne les évasions substantielles et institutionnalisées. Il est parfois très étonnant de voir qu'une entreprise, dont l'actif totalise des milliards, apporte au fisc une contribution inférieure à celle d'un particulier! En fait, il me semble bien que ce qui manque, c'est ce que vous appelez la volonté politique. Comme il n'est pas rare que les dirigeants politiques soient issus d'un milieu bien nanti, il est assez compréhensible qu'ils soient réticents à modifier une législation qui sert généralement bien leurs intérêts.

— Est-ce là une accusation que vous portez contre eux?

— Pas le moins du monde. J'essaie seulement de comprendre comment il se fait que des mesures efficaces ne soient pas retenues par les gouvernements...

— Vous simplifiez considérablement les choses. Donnez-moi des exemples de mesures simples qui jetteraient la suspicion sur ceux qui les refuseraient.

— Bien sûr! Auparavant, j'aimerais attirer l'attention sur le fait que dans votre société vous semblez reconnaître l'idée que les mieux nantis devraient apporter une plus grande contribution à la société. Formulée en principe, cette idée pourrait s'exprimer ainsi: que ceux qui en sont capables fournissent leur part. On pourrait ajouter : leur part «raisonnable».

— Pour nous, cela va de soi. La meilleure preuve, vous pourriez la voir dans les tables d'imposition que nos gouvernements nous font parvenir. La proportion d'impôt à payer annuellement croît avec les revenus imposables...

— Sans doute. Mais tout est là. Les moyens de diminuer ces revenus imposables sont tellement efficaces que des gens ou des entreprises très riches réussissent à déclarer des pertes — et ainsi récupérer de l'impôt! — alors qu'en réalité ils ont des revenus nets considérables.

— Venez-en à vos exemples...

— Une première mesure consisterait à instaurer un impôt minimum, en deçà duquel même les déductions les plus légales ne seraient plus valides.

— N'avez-vous pas d'autres exemples qui concerneraient autre chose que la fiscalité?

— Comme nous parlons d'économie, il est normal qu'il en soit question. Mais je m'attarderai à deux autres exemples. D'abord, il m'apparaît assez fréquent que vos gouvernements accordent une aide substantielle — pour ne pas employer d'autres mots peut-être plus justes! — à des entreprises extérieures pour qu'elles viennent s'établir dans votre pays.

— Sans doute. Et alors?

— Comment ne pas être surpris de voir certaines de ces entreprises, une fois les subventions touchées, fermer leur porte et quitter les lieux? N'est-ce pas là un exemple assez flagrant de gaspillage?

— Une entreprise, comme un gouvernement, ça ne peut pas toujours prévoir avec précision les aléas de l'économie...

— Tiens! Tiens! Qui parle de hasard, maintenant?

— Mais, je n'ai jamais nié qu'il y ait du hasard dans l'économie d'un pays!

— N'est-il pas pensable, dans les cas similaires, de penser à des engagements formels de la part des entreprises subventionnées qui réduiraient considérablement le ridicule de cadeaux à peine déguisés?

— C'est en partie ce que nos gouvernements exigent.

— Dans des contrats ... secrets, cachés au public?

— Tout ne peut être étalé au grand jour...

— Par souci démocratique?

— Allez, n'insistez pas...

— J'en viens à un dernier exemple. Probablement le plus important. Il s'agit de ce que vous appelez les programmes sociaux universels.

— Là, si vous étiez un dirigeant politique, vous marcheriez sur des oeufs, je vous préviens!

— Je ne cours pas un grand risque. D'abord parce que je suis un étranger, mais surtout pour une raison encore plus simple : l'omelette est déjà en train de cuire!

— Que voulez-vous dire?

— Vous avez des programmes sociaux qui minent complètement votre avenir.

— Certains nous disent qu'ils sont les meilleurs que l'on puisse imaginer de manière réaliste...

— Ce n'est pas qu'ils soient mauvais. C'est qu'on les utilise mal.

— Comment cela?

— Prenons simplement le cas des soins médicaux sur lesquels nous reviendrons plus longuement. Il est pour le moins curieux que l'Etat assume tous les frais pour des services parfois non nécessaires, même lorsque ces services sont dispensés à des gens très fortunés.

— Nous avons opté pour l'universalité de la gratuité de ces services. Il faut bien en accepter les conséquences!

— Mais, qu'attendez-vous pour corriger les conséquences les plus perverses? Et l'on pourrait en dire autant de l'éducation. Il est impensable que ceux qui le peuvent n'en n'assument pas davantage les frais.

— Allez-vous donc prôner un retour au siècle passé où seuls les riches pouvaient se faire soigner et recevoir une éducation de qualité?

— Mais non! Ce n'est pas de cela qu'il s'agit... Ne sois pas de mauvaise foi! Comment ne pas trouver absurde ce gaspillage des ressources publiques lorsque des millionnaires reçoivent pour leurs enfants des allocations familiales? Ou que l'Etat défraie pour madame ou monsieur une dixième chirurgie plastique sans laquelle la mésestime de soi mènerait inéluctablement à de «graves traumatismes psychologiques»?! Ne serait-il pas pensable qu'une certaine portion de la population assume une partie, ne serait-ce que minime, des coûts encourus?

— Ce serait là attaquer le principe sacro-saint de l'universalité des soins de santé...

— Qu'attendez-vous pour le faire? Que les soins gratuits ne soient plus possibles pour personne? Et l'éducation gratuite? Doit-elle aussi être complètement gratuite même pour les plus fortunés et pour ceux qui ne veulent pas poursuivre leurs études? Comment ne pas être sidéré par le fait qu'on assume le coût des études des étudiants qui, de leur propre aveu, font tout pour garder leur statut d'étudiant uniquement pour en conserver les avantages?

— Qu'il y ait des aberrations marginales, personne ne le niera. Pour les éliminer, il faudrait prendre des mesures qui pénaliseraient injustement un trop grand nombre de personnes.

— Ce qui risque d'arriver à relativement court terme, n'est-ce pas plutôt que le grand nombre sera affecté par le manque de volonté politique et l'inaction de vos dirigeants?

— N'allez pas penser qu'ils sont insensibles aux problèmes que vous soulevez. Mais, que voulez-vous, ils ont bien d'autres chats à fouetter!

— Des problèmes plus importants?

— En tout cas extrêmement importants. Comme le chômage, par exemple.

— Mais, parlons-en du chômage, si tu le veux...

— Il s'agit là, peut-être, du pire mal économique de notre société. Il mine à la base les meilleures énergies par la crainte d'un manque vital de ressources. C'est un mal chronique qui engendre insécurité, suspicion, découragement, et parfois criminalité.

— Que de bonnes raisons pour s'y attaquer résolument!

— Croyez-vous que nos gouvernements n'y aient pas songé? Mais ils sont considérablement mis en échec par des pouvoirs indispensables qui ne sont pas de leur ressort et...

— Attends! Attends! Qu'es-tu en train de me dire?

— Simplement que beaucoup de décisions souhaitables ne peuvent être prises faute de pouvoirs indispensables qui échappent à nos gouvernements.

— Mais, quels pouvoirs?

— L'économie d'un pays n'est pas complètement indépendante de celle des autres pays. Déjà, c'est là une limitation dans la gestion de l'économie.

— Quelle sottise! A ce compte-là, tous les pays peuvent se dire la même chose, et les gouvernements auraient une belle excuse pour ne plus rien faire dans leur propre société!... Ce qui importe, c'est avant tout de bien utiliser les pouvoirs que l'on a. Et si on a besoin de pouvoirs supplémentaires, il faut tout faire pour aller chercher les pouvoirs que l'on peut aller chercher.

— Même en ayant recours à la force?

— Ne me fais pas dire ce que je n'ai pas voulu dire. Le recours à la force a très souvent été la source de maux plus grands que ceux qu'on voulait guérir... Quand je dis qu'il faut tout faire pour aller chercher les pouvoirs indispensables, je veux dire «tout», dans la mesure où il n'y a pas de mépris pour les autres. Il ne s'agit pas de faire une révolution armée à chaque fois qu'on ressent un certain mécontentement. J'insiste simplement pour dire qu'une société doit avoir le courage, quand c'est humainement possible de le faire de manière civilisée, de se donner les pouvoirs qu'il faut pour bien mener sa destinée. Si cela implique que certaines traditions et certains attachements romantiques à l'histoire soient vigoureusement secoués, eh bien, tant pis. Les personnes valent mieux qu'un sens désincarné — et parfois morbide — des traditions.

— Il y a aussi des facteurs qui ne dépendent pas des gouvernements...

— La fameuse loi de l'offre et de la demande? Le hasard? Mais, quand un mal nous affecte, ce n'est pas en se demandant ce qu'on ne peut pas faire qu'on le surmontera. C'est plutôt en se demandant ce qu'on peut faire!

— Et le chômage?

— Dans votre société, le chômage est un cancer. Mais, contrairement à ce qu'on pense souvent, un cancer, ça se soigne. Parfois en aménageant un environnement plus sain, parfois par la chirurgie.

— Vous voulez parler d'environnement et de chirurgie... politiques?

— C'est cela. Si les institutions et les lois existantes ne sont pas adéquates, il faut s'en donner d'autres.

— Ne revenons pas explicitement sur la politique. Essayez plutôt de préciser comment on pourrait s'occuper en priorité du chômage.

— En vous attaquant aux deux grandes causes principales sur lesquelles votre société a prise, c'est-à-dire l'absence actuelle de ce que vous appelez les «grands leviers économiques» et l'extrême rigidité dans les mécanismes de la sécurité d'emploi.

— Au nombre des «grands leviers économiques», je suppose que vous comptez le pouvoir de gérer l'émission de notre propre monnaie, d'avoir une influence marquée sur les taux d'intérêts, de légiférer dans le domaine de la circulation des capitaux et de la main-d'oeuvre et ainsi de suite, bref ces pouvoirs économiques que l'on reconnaît généralement à un pays?

— Tout à fait.

— Je comprends assez bien ce que tout cela implique. Quant à la rigidité des mécanismes de la sécurité d'emploi, là c'est plus difficile. Car ces mécanismes ont une histoire...

— Sans doute. Le phénomène du chômage est complexe, mais il est indissociable d'une préoccupation humaine très importante, celle de la sécurité. Dans votre société, en particulier, le besoin de sécurité a engendré des mécanismes qui rendent à peu près impossible toute mobilité, dans le domaine de la main-d'oeuvre. Et les premiers à en payer le prix, ce sont les jeunes.

— Cela n'est pas étonnant. Dans le passé, l'arbitraire dans l'embauche était tellement considérable que nous avons cru bon de nous donner des organismes, les syndicats, qui puissent veiller à protéger les employés contre leurs employeurs.

— Cela est fort compréhensible. Mais n'êtes-vous pas allés un peu loin? Vos conventions collectives sont tellement complexes que seuls quelques spécialistes peuvent vraiment se vanter de les comprendre à fond! Vous avez créé une nouvelle bureaucratie extrêmement lourde qui vient surmultiplier celle déjà lourde des gouvernements. Tout cela engendre une rigidité administrative qui nuit considérablement à tout le monde.

— Sauf aux syndiqués!…

— Cela est faux. D'abord, cette bureaucratie se paie. N'est-il pas excessif que les syndiqués payent jusqu'à deux pour cent de leur salaire brut pour entretenir leur bureaucratie syndicale? Dans bien des pays, actuellement, on s'en scandaliserait, si on savait. De plus, cette rigidité a pour conséquence que les conditions de travail considérées comme avantageuses par certains ne sont plus accessibles, désormais, qu'à un groupe de plus en plus restreint, les autres devant se contenter d'emplois dits «précaires». Il s'agit là d'un effet pervers de la rigidité des mécanismes engendrés par votre recherche de sécurité qui, par ailleurs, est tout à fait légitime. A cela s'ajoute que des gens devenus dysfonctionnels dans leur emploi ne consentent plus facilement à faire autre chose de crainte de ne pouvoir retrouver ailleurs les avantages qu'ils perdraient en abandonnant leur emploi. Enfin, et cela n'est pas le moindre mal, beaucoup de personnes perdent toute motivation dans leur travail, car elles se disent que peu importe leur performance et leur application, le système les «couvre» de toute manière. Tout cela est très malsain.

— Il n'est pas facile d'y remédier. Nos gouvernements et nos syndicats font ce qu'ils peuvent, mais il faut reconnaître que la tâche est complexe et lourde. De plus, quand il s'agit de personnes, on ne peut faucher comme s'il s'agissait de boulons remplaçables sans conséquences pour elles…

— Qu'on ne doive pas manipuler les gens comme des boulons, on ne peut qu'être d'accord là-dessus. Ce qui est triste, c'est que l'inaction laisse précisément cela se produire, à savoir que les gens sont manipulés comme s'ils n'étaient que de vulgaires boulons. «Que voulez-vous? Il faut être concurrentiel, et nous devons réduire nos coûts de production!» «Ces mises à pied résultent d'une mauvaise conjoncture économique. Il nous faut effectuer une rationalisation de nos opérations!» «L'intégration mondiale des marchés a des répercussions inévitables sur la main-d'oeuvre!» Que de belles formules n'entend-on pas pour dire simplement ceci: «Des événements fâcheux se produisent, VOUS allez en faire les frais avant nous!» N'est-ce pas, encore une fois, comme dans le domaine de la politique, le hasard qui, au bout de compte, a le dernier mot?

— J'aimerais bien que vous me disiez comment fonctionne votre économie, si elle évite tous ces maux!

— J'y viendrai, sois sans crainte.

— En tout cas, on peut au moins penser que notre économie, malgré ses tares, comporte aussi de bons points. Par exemple, la mondialisation des marchés favorise largement les pays pauvres, car leurs coûts de production sont inférieurs aux nôtres et ils deviennent par là plus que concurrentiels. Les lois du marché les favorisent.

— Est-ce vraiment ce qui se passe? Est-ce vraiment les pays pauvres qui profitent de ce phénomène? N'est-ce pas plutôt les entreprises des pays riches qui ont les moyens de créer des filiales dans ces pays pour se procurer à elles-mêmes des conditions avantageuses de production et ainsi augmenter leur propre enrichissement? Et tout cela en faisant fi des conditions sanitaires de leurs employés et de la pollution parfois très grave qui affecte la population locale! Comment ne pas voir là un chapitre important de ce que vous appelez l'«aide internationale»? Car, après tout, telle entreprise de tel pays a investi tant dans tel pays du tiers monde! Comment ne pas considérer avec un certain cynisme cette vaste entreprise de l'aide internationale?

— Assez! Assez! J'attends la description que vous me ferez de la manière dont se déroulent les choses, chez vous. En attendant, puisque vous avez déjà évoqué les coûts de l'éducation et des services de santé, c'est de ces domaines, si vous y consentez, que j'aimerais que nous nous entretenions.

— Soit.

L'EDUCATION I

— J'ai bien hâte de voir comment vous appréciez notre système d'éducation.

— A ce propos, nous sommes assez perplexes... Pour ma part, et j'en ai souvent discuté avec mes semblables, je pense qu'il nous manque beaucoup de données. Le mieux que je puisse faire, c'est de te livrer nos réflexions telles qu'elles se sont articulées jusqu'à maintenant.

— J'en serais ravi.

— Je n'en suis pas certain. De toute manière, je tiens à souligner que ce que je vais exposer, c'est notre perception actuelle de votre système d'éducation. Si je devais rencontrer les responsables de ce système ou ceux qui y oeuvrent, je serais beaucoup plus prudent, car j'aurais peur de les blesser, ou d'être injuste à leur égard en ne reconnaissant pas suffisamment leurs efforts pour accomplir le mieux possible leur tâche. Mais, comme il s'agit d'un échange privé, entre nous, que de plus je nous sens en confiance mutuelle, je me permettrai de te livrer ce qui, encore une fois, n'est que notre perception actuelle de votre système d'éducation.

— Que de précautions!...

— Elles sont nécessaires. La première chose qui nous frappe, c'est que nos observations, dans le domaine de l'éducation, confirment l'idée que votre société n'est pas vraiment organisée, c'est-à-dire que ce qu'on pourrait appeler organisation n'est que le fruit du hasard des circonstances.

— Comment cela?

— Je dirai simplement que pour moi, comme pour mes semblables, ce qui ressort de votre système d'éducation, c'est le souci de gérer ce domaine comme une entreprise.

— Et alors?

— Je suis étonné que tu sembles admettre cela! Une entreprise n'a-t-elle pas comme but premier l'enrichissement pur et simple?

— Sans doute.

— Faut-il donc affirmer que le but premier de l'éducation serait l'enrichissement aussi?

— Pourquoi pas? L'éducation n'est pas comme toutes les autres entreprises, mais elle vise l'enrichissement collectif, le bien-être de tous dans la société. Qu'y a-t-il donc de si étonnant?

— Quelqu'un, chez vous, a-t-il déjà précisé ce qu'il entendait par enrichissement collectif? Cela comprend-il le bien-être personnel? L'épanouissement de tous? Ou est-ce d'abord et avant tout ce que vous appelez la croissance économique?

— Cela n'est pas forcément incompatible.

— Sans doute, mais ce que je veux faire ressortir, c'est que chez vous personne ne semble jamais responsable de l'orientation que prend l'éducation. J'ai cru comprendre que dans le passé, même s'il n'était pas meilleur pour autant, le souci de l'éducation n'était pas noyauté, pour ainsi dire, par la croissance économique, alors que maintenant il semble l'être. Ne parle-t-on pas de «clientèle étudiante» à qui il faut offrir un «produit»? L'éducation serait alors soumise à la loi de l'offre et de la demande, comme votre économie...

— Allez-vous nous reprocher d'évoluer dans nos idées?

— Certainement pas. Mais tout le problème serait de savoir s'il s'agit réellement d'une évolution et non d'un changement d'orientation dû à quelque effet du hasard, ou de forces sociales, ou économiques, ou politiques, ou d'autres encore, qui induisent les responsables de l'éducation dans des directions dont ils ne sont pas maîtres.

— Et alors? Il n'est pas difficile de reconnaître que nous ne sommes pas complètement maîtres de toutes les circonstances qui nous affectent, que ce soit dans le domaine de l'éducation ou dans d'autres domaines!...

— Ce sur quoi j'insiste, c'est que votre système d'éducation n'a pas d'orientation que vous auriez tenté de lui imprimer, qu'il est laissé au hasard des circonstances et des pressions de toutes sortes. Actuellement, par exemple, et tu peux sans doute l'observer toi-même, la grande priorité semble être que l'éducation doit coûter le moins cher possible. On coupe partout, sans se soucier de savoir si la fonction première de l'éducation ne sera pas profondément affectée.

— Il est vrai que notre gouvernement tente de limiter ses dépenses dans l'éducation. Mais cela est vrai aussi dans les autres domaines. Il s'agit simplement d'assurer une saine gestion de notre société.

— Une saine gestion... d'une entreprise, si je comprends bien.

— Où voulez-vous en venir? Et quelle serait, selon vous, la fonction première de l'éducation?

— Je n'ai pas la prétention de définir cela d'une manière qui rallierait tout le monde. Le mieux que je pourrais faire serait d'exposer, en toute modestie, ce que nous concevons comme le but de l'éducation. Mais, si tu le veux bien, gardons cela pour plus tard. Pour l'instant, je veux simplement en venir à ceci: que nous avons l'impression, aussi limitée soit-elle, que votre système d'éducation n'a pas de principe directeur autre que le hasard.

— Et si cela était, quels en seraient les inconvénients?

— Il y en a plusieurs. Je me limiterai à attirer ton attention sur quelques faits déplorables — en tout cas nous, nous trouvons qu'il s'agit de faits vraiment regrettables. Peut-être pourras-tu me montrer qu'il en va autrement...

— Soit.

— La première chose qui nous frappe est que les jeunes, chez vous, ne reçoivent pas vraiment de formation. C'est un peu comme si on avait décidé de les laisser à eux-mêmes, à l'intérieur d'un cadre mal défini — l'école — que l'on maintient parce que l'on ne sait pas faire autrement.

— Vous voulez plaisanter!

— Pas du tout... Si nous regardons la trame de fond de ce que vous appelez la pédagogie, je crois qu'on peut la résumer dans une formule simple : «Il faut plaire à l'étudiant».

— Où est le problème? Former quelqu'un, ce n'est pas imposer aux autres de belles formules savantes sans qu'elles soient comprises ou dont on ne voit pas l'importance! Un bon éducateur doit pouvoir être compris de ceux qu'il éduque, et pour cela, il faut qu'il parle leur langage, qu'il les rejoigne de quelque manière. La pédagogie, c'est l'art de réussir cela...

— Il est vrai qu'un éducateur, fût-il le plus compétent du monde dans sa discipline, ne serait pas un bon éducateur s'il n'arrivait pas à rendre sa matière «vivante», pour ainsi dire, s'il n'arrivait pas à être compris de ses étudiants. Sans doute. Mais cela justifie-t-il que la priorité, dans ce qui s'enseigne et dans la formation en général, soit devenue de plaire?

— Ce n'est pas de déplaire, en tout cas. Il ne faut quand même pas faire exprès pour s'aliéner les étudiants au nom de je ne sais quel grand principe réactionnaire. Il faut être de son temps, être près des étudiants, non?

— Bien sûr. Mais pas à n'importe quel prix. Il y a une manière d'«être près» des étudiants qui relève de la démagogie et qui, en fait, si elle résultait d'une décision vraiment lucide, constituerait un véritable mépris de l'étudiant.

— Non mais vraiment!...

— Ce que je veux dire, c'est que si l'on préfère le «succès» immédiat — en popularité, par exemple — auprès des étudiants au détriment de leur formation, on obtient des incompétents, en bout de ligne. Et alors, il n'est pas étonnant que dans tant de domaines il y ait autant de gens qui ne sachent pas écrire, ni compter, ni articuler leurs idées, ni assurer une certaine persévérance dans l'effort. Ne voyons-nous pas, dans votre société, et dans tous les domaines, de nombreux jeunes se plaindre que «les mathématiques, c'est plate!», «la poésie, c'est plate!», «l'histoire, c'est plate!», «la musique des grands maîtres, c'est plate!», «la discipline dans le travail, c'est plate!», «le souci du travail bien fait, c'est plate!». Dans la vie affective, dès que survient une difficulté, que la passion pour l'autre s'est atténuée, on «décroche» pour rechercher une autre passion qui, elle aussi, sera éphémère. On renonce à prendre ses responsabilités parce que «c'est plate!». Comprenons : «C'est trop difficile, ça ne me tente pas, je ne trouve pas cela comblant, je trouve cela trop forçant...»

— Ne peut-on pas retrouver tout cela à toutes les époques, et dans tous les milieux? Ce que vous décrivez n'est que le fait de la jeunesse...

— Est-ce vraiment le cas? Selon notre perception, ce que je viens de décrire résulte de deux facteurs, principalement. Le premier, c'est que votre pédagogie, si on peut se permettre de simplifier un tant soit peu, est un échec. Même ce que vous appelez «la pédagogie de la réussite» n'est pas une réussite de la pédagogie. Vous avez une foule de «pédagogies» parfois très sophistiquées, mais qui aboutissent à «former» des incompétents. La description que je viens de faire d'une attitude très répandue résulte d'un manque de formation. Quand on n'a pas d'épine dorsale, on ne peut soutenir de lourds fardeaux, on ne peut faire de grands efforts soutenus...

— Vous faites bon marché de beaucoup d'efforts très louables de nos pédagogues!...

— Ce qui est en jeu, ce n'est pas la bonne foi, ni le sérieux, de très nombreux pédagogues, c'est la consistance de l'éducation dans son ensemble. Si je peux me permettre, je dirai qu'il y a une conception de la pédagogie qui sape l'éducation, et qui est très répandue. Pour certains, apparemment, la pédagogie, c'est l'ensemble des artifices mis en oeuvre pour ne pas enseigner. Combien d'«expériences nouvelles» ne sont-elles pas mises à l'essai, avec le résultat que les professeurs n'enseignent plus et que les étudiants n'apprennent plus!...

— Je sens que vous allez me servir l'affirmation simpliste que «les enseignants doivent enseigner, et les étudiants, étudier!»...

— Non. Je ne veux pas mettre en doute la sincérité, la bonne volonté, l'honnêteté des authentiques pédagogues. Et il y en a beaucoup, chez vous. Ce qui me frappe, moi, comme mes semblables, c'est de voir à quel point une minorité de ce qui nous semble être des pseudo-pédagogues réussit à entraîner à sa suite une bonne partie de l'ensemble des efforts louables qui se font pour assurer une bonne formation des jeunes.

— Ne pouvez-vous pas être plus net et préciser ce que serait, selon vous, une véritable pédagogie?

— En deux mots, la pédagogie, c'est l'art de rejoindre les personnes dans une activité de formation. Cela suppose qu'on sache quelle «forme» on veut promouvoir, et par quels moyens on veut le faire. En gros, on peut distinguer quatre sortes de pédagogues. Il y a ceux qui sont compétents dans leur discipline, et qui veulent rejoindre les personnes dans un contexte de formation: ils se soucient constamment que l'enseignement dispensé soit à la fois assimilable, fécond et bien accueilli. Ils ne se contentent ni d'être seulement compétents dans leur discipline, ni d'être seulement habiles à recueillir la faveur des étudiants. Il y a ceux qui sont compétents dans leur discipline, et qui semblent ne se soucier que d'épater leurs étudiants par leur érudition, sans se soucier qu'on les comprenne. Pour eux, ce sont les étudiants qui doivent faire tout le chemin. Après tout, selon eux, ce sont les étudiants qui devraient «venir chercher» la formation. Il y a aussi ceux qui ont décroché de leur discipline, parfois faute d'avoir réussi à bien performer dans cette discipline, et qui se sont tournés vers un autre souci: celui de protéger les étudiants des déceptions de ne pas être à la hauteur de ce qu'eux-mêmes n'ont pu atteindre. Ce souci est, dans beaucoup de cas, très honnête. Il vise une aide véritable aux étudiants, avec ces défauts cependant qu'il se mêle à un besoin effréné d'être apprécié des étudiants (qui cache peut-être la souffrance d'une piètre estime de soi), et qu'il oublie l'importance de la discipline enseignée comme moyen d'assurer une formation. Il y a enfin, en petit nombre, heureusement, les charlatans de la pédagogie, qui s'ingénient à recueillir l'approbation du moment des étudiants, sans se soucier des résultats durables de leur enseignement. Parmi ces derniers, on retrouve certains individus qui semblent n'avoir comme préoccupation que de recueillir un salaire sans s'aliéner les étudiants ; aliénation qui pourrait avoir comme effet de leur couper leur source de revenus. Il s'agit du genre de pédagogues qui ne demandent jamais aucun effort de l'étudiant, pour qui encore tout est toujours bien fait, qui se libèrent totalement des fastidieuses corrections et de toute autre tâche qui exigerait temps et énergie. Malheureusement, les pédagogues de cette sorte sont assez ingénieux pour se faufiler dans les mailles des contrôles administratifs... Dans bien des cas, la question la plus brutale que l'on puisse adresser à un pédagogue, c'est la suivante : «Qu'as-tu à enseigner?»

— Nous avons pourtant une évaluation du travail de formation...

— Vraiment? Ce qui nous frappe, c'est plutôt le refus d'une telle évaluation. Vos syndicats, qui sont étonnamment puissants, refusent systématiquement toute évaluation, en dépit des grandes déclarations qui voudraient laisser croire le contraire. N'est-ce pas étonnant qu'un travail ne puisse à peu près jamais être évalué, ne serait-ce que pour savoir s'il a été exécuté? Mes semblables et moi n'arrivons pas le moins du monde à comprendre comment cela est possible, chez vous.

— Il y a une histoire derrière cela. Dans le passé, le métier d'enseignant, comme on l'appelait à l'époque, était très peu valorisé. Les professeurs étaient pour ainsi dire des parias de la société, ou presque. Dans un effort pour revaloriser l'éducation, nos gouvernements ont investi beaucoup de ressources, et cela a entraîné du même coup une revalorisation de la tâche de l'enseignement. On a voulu que cela se traduise concrètement dans les salaires et la sécurité d'emploi. Les syndicats ont ainsi acquis une voix au chapitre des grandes décisions, dans le domaine de l'éducation, notamment.

— Mais cela n'exclut pas la nécessité de l'évaluation du travail fait!

— Cette rigidité des syndicats, il faut en chercher l'explication dans l'insécurité de leurs membres. On veut avoir l'assurance qu'on ne disposera pas d'eux n'importe comment, au caprice des décisions administratives.

— Mais, il y a tout de même des limites.

— Si vous le voulez, on y reviendra, et j'aimerais bien savoir comment les choses sont aménagées, chez vous, à ce sujet. Si vous me permettez, je voudrais revenir sur «l'art de rejoindre les personnes dans une activité de formation», dont vous avez parlé. Comment cela se concrétise-t-il?

— On y reviendra plus tard, si tu le veux bien aussi. Pour l'instant, j'aimerais en venir à un deuxième facteur qui, selon nous, explique l'attitude décrite précédemment. Il s'agit du fait que de nombreux pédagogues ne savent plus où donner de la tête. Beaucoup de pédagogues se cherchent. Ils ne sont pas nécessairement à blâmer, car la société dans laquelle ils vivent ne s'est toujours pas remise des changements extrêmement profonds et rapides des dernières décennies. Selon mes semblables et moi, et dans la mesure où nous avons pu nous en enquérir, il est rarement arrivé ailleurs et à d'autres époques qu'une société subisse — ou assume — en aussi peu de temps des changements aussi profonds. Il n'est donc pas étonnant que beaucoup soient au moins partiellement à la recherche d'un sens à conférer à ce qu'ils font et surtout à ce qu'ils sont. Il est dès lors compréhensible que des gens de bonne foi, honnêtes, qui ont à coeur de bien former les jeunes, ne sachent pas, très souvent, quelle «forme» donner à leur activité. La formation qui en découle est forcément mal définie et boiteuse...

— Que voulez-vous dire, au juste?

— Je ne sais pas si cela est propre à cette époque, mais dans votre culture, il ne semble pas y avoir de «modèle» pour lequel les jeunes et les maîtres consentiraient à consacrer temps et efforts d'une manière résolue. C'est un peu comme si les buts à poursuivre étaient si nombreux et si sollicitants qu'on n'arriverait plus à décider lequel — ou lesquels — on veut vraiment viser. Remarque que l'hypothèse inverse est aussi valable, et peut-être davantage, à savoir que plus aucun but ne semble mériter qu'on y consacre temps et efforts... Il n'est dès lors plus surprenant qu'on ne sache plus à quelle tâche se vouer. Ce qui ressort nettement, en tout cas, c'est qu'il ne semble plus y avoir de visée, dans la formation et, souvent, dans la vie personnelle des gens, qui, aux yeux des intéressés, mériterait vraiment qu'on s'y consacre. Tout semble relativement égal, pour ne pas dire indifférent...

— C'est un jugement bien sévère, et bien rapide!

— Je rappelle aussi que nous en sommes toujours au niveau des impressions que nous avons, nous qui venons de l'extérieur de votre monde. Et dans la mesure où ce jugement est fondé, il explique à quel point c'est le hasard qui semble déterminer — si on peut s'exprimer d'une manière aussi paradoxale! — ce qui se passe dans votre société, notamment en éducation, puisque c'est de cela que nous discutons maintenant.

— Si cela est vrai de l'éducation, ce l'est probablement aussi de beaucoup d'autres domaines...

— C'est aussi ce que nous croyons percevoir.

— Vous avez parlé d'aberrations. Y en a-t-il d'autres qui méritent particulièrement d'être signalées?

— Il y en aurait plusieurs. Je me contenterai de quelques autres, même s'il ne nous apparaît pas toujours clairement lesquelles sont les conséquences des autres, ou encore quels sont les liens qu'on peut établir entre elles.

— On peut quand même en considérer quelques-unes.

— Bien sûr. L'une des pires tient au fait que nous entendons souvent des jeunes se montrer réticents à être montrés du doigt comme «bollés»... On peut sans doute comprendre que ces jeunes ne veuillent pas être considérés comme «à part» des autres. Mais quand on se rend compte qu'être plus compétent est dévalorisé, il y a quelque chose qui ne va plus, et qui est très grave. Quand les responsables de l'éducation veulent adapter tout le système en fonction des étudiants les plus faibles, à ce propos aussi il y a quelque chose qui ne va pas.

— Ils sont simplement soucieux de ne pas promouvoir l'élitisme...

— Quelle sottise! On peut certes comprendre que se limiter au souci de l'éducation des meilleurs ou des plus intelligents ou des plus riches, ce n'est pas souhaitable. Mais la raison pour laquelle ce n'est pas souhaitable, ce n'est pas parce qu'ils seraient trop bien formés! C'est plutôt que souvent, par voie de conséquence, on néglige les moins doués. Dans ce contexte, le souci de «démocratisation» de l'enseignement, comme vous l'appelez, est fort louable. Mais s'il a pour résultat de renoncer à la qualité de la formation pour viser un degré commun de manque de formation, là, cela ne va plus. Qui, lorsqu'il en a besoin, ne recherche pas le mécanicien le plus compétent possible? Ou le plombier? Ou le commerçant? Ou le politicien? Ou le peintre? Ou le médecin? Ou le policier? Ou le professeur? Ou l'ingénieur? Ou le cuisinier?

— Sans doute. Mais, entre deux maux, nous choisissons le moindre. Entre négliger un très grand nombre de jeunes pour donner une bonne formation à une élite et permettre au plus grand nombre d'obtenir une certaine formation quitte à ce qu'elle soit de moindre qualité, nous préférons la dernière option.

— Pourtant, il est possible d'obtenir les deux...

— Vraiment? Et comment?

— Nous reviendrons là-dessus. Je reviens à l'élitisme dont tu viens de parler. Il semble que ce soit là, encore, la crainte qui vous fasse détester l'idée que parallèlement au réseau public d'écoles il existe des institutions privées. Comment expliquez-vous cela?

— C'est bien simple. Les ressources accordées aux écoles privées sont autant de privations dans le domaine public. Et vous avez raison de le souligner, notre option n'est pas de former une élite au détriment des autres.

— Mais si les écoles privées assurent une formation de qualité au moins égale à celle du réseau public, pourquoi tenter d'imposer une uniformité qui ne peut qu'être au détriment d'une formation qui pourrait éventuellement être de meilleure qualité?

— Au détriment des autres?

— Mais, les ressources accordées aux écoles privées, ne seraient-elles pas allées dans les écoles publiques aussi pour les mêmes jeunes? Et les parents de ces jeunes n'assurent-ils pas en majeure partie la différence des coûts entre ce qu'il en coûte pour maintenir ces institutions privées et ce qu'il en aurait coûté si elles n'avaient pas existé?

— L'idée d'une formation à part des autres nous répugne.

— N'est-ce pas parce que vous croyez que cela entraîne une certaine négligence des jeunes qui sont à l'école publique?

— Sans doute.

— Et s'il y avait moyen d'éviter cela, votre réticence tomberait-elle?

— Je ne le sais pas...

— Vraiment? N'est-ce pas curieux... et suspect? Une autre chose qui nous frappe, mes semblables et moi, c'est que vous semblez accepter de bonne grâce que de nombreux étudiants occupent un emploi, concurremment à leurs études, alors que cela n'est pas nécessaire.

— Et alors?

— Et alors, on se limite à une formation minimale, qui devient la norme pour tous. La formation, ce n'est jamais terminé. On peut comprendre qu'on se limite à un certain nombre d'exigences, mais cela ne veut pas dire que la formation se termine là. Chez vous, tolérer que beaucoup d'étudiants travaillent tout en étudiant a pour résultat que l'on exige moins d'eux, et souvent trop peu.

— Vous seriez peut-être étonné d'apprendre que des études ont montré que ceux qui ont un emploi réussissent aussi bien, sinon mieux que les autres.

— C'est qu'ils ont appris à être expéditifs. Si on se contente de réussites expéditives minimales, cela n'est pas surprenant. Mais si on conçoit la formation, dans beaucoup de disciplines, comme une intégration progressive, jamais terminée, alors la dispersion du temps et des énergies des étudiants nuit à la formation. Je me contenterai simplement d'un exemple. Un étudiant en lettres qui doit lire une oeuvre d'un auteur peut le faire rapidement et considérer qu'il a fait ce qu'il devait faire. Mais s'il prend du temps supplémentaire, en fin de semaine, par exemple, pour lire une autre oeuvre du même auteur, cela n'était sans doute pas requis, mais le fait d'avoir une certaine disponibilité en temps et en énergie, permet de développer le goût et le besoin de faire davantage que le strict minimum exigé. Le même raisonnement vaut dans les autres domaines.

— Vous ignorez sans doute que beaucoup de jeunes, comme leurs parents, ont de la difficulté à joindre les deux bouts, et qu'ils doivent travailler pour assumer les frais de leurs études.

— A ce propos, je te retournerai ton argument précédent. Des études ont montré qu'il s'agissait d'une petite minorité d'étudiants. De plus, il faut quand même avoir la décence de reconnaître que ce besoin de ressources supplémentaires vise très souvent des dépenses qui n'ont rien à voir avec les études. Je ne pousserai pas l'odieux jusqu'à énumérer une foule de dépenses non essentielles que se permettent bon nombre d'étudiants. Ce serait injuste à l'égard de leur jeune âge et, disons-le, d'une certaine fantaisie inséparable de cet âge. Ce que je pointe du doigt, c'est la fréquente incapacité de consentir à un certain effort soutenu, à une certaine patience nécessaire à une formation un peu intensive et prolongée.

— Il restera toujours une certaine minorité d'étudiants qui ont véritablement besoin de ressources qu'ils ne peuvent obtenir autrement qu'en travaillant tout en poursuivant leur études.

— Cela est vrai. Pour ceux-là, il vaut la peine de trouver une solution à leur problème financier.

— Et que suggérez-vous?

— Plus tard. Je voudrais encore attirer ton attention sur autre chose. Ce souci qu'ont les institutions de faciliter la tâche aux étudiants qui travaillent à l'extérieur n'est pas étranger à un certain intérêt de ces institutions. En effet, comme leurs ressources sont dépendantes du nombre d'étudiants, elles ont intérêt à rendre possible pour le plus grand nombre le chevauchement de deux activités — études et travail rémunéré. Car nombreux sont ceux qui n'ont pas pris de décision ferme de quitter les études pour travailler, ou de renoncer à un emploi pour parfaire leur formation.

— Cela n'est quand même pas tout à fait juste. Beaucoup d'institutions d'enseignement insistent, et prennent des mesures en conséquence, pour que les étudiants soient efficaces, et n'éternisent pas leurs études...

— Sans doute. Mais ces mesures ne sont pas à la hauteur du problème. Cela est encore visible dans un autre context : celui de l'acceptation dite «conditionnelle» d'étudiants qui n'ont pas terminé les études préalables à l'admission à un niveau supérieur. Cela a pour conséquence la «nécessité» d'un ajustement, à la baisse il va sans dire, des exigences de formation.

— Je veux bien reconnaître cela, mais, que voulez-vous, notre système est tel que le financement des institutions est fait selon une formule qui prend en compte le nombre d'étudiants. Il faut dès lors, pour assurer un financement capable de soutenir les activités de formation, miser sur ce sur quoi on peut miser!

— Je ne blâme pas les institutions, ni leurs administrateurs. Je dis seulement que cette situation est aberrante...

— Quant à l'ajustement à la baisse des exigences de formation, beaucoup d'institutions essaient sérieusement d'y remédier. Vous devriez voir les sommes considérables et toutes les énergies mobilisées à cette tâche, en termes de projets spéciaux d'encadrement, de récupération, de projets d'aide à l'apprentissage!

— A ce propos, il semble y avoir une grande méprise. Si toutes ces énergies humaines, si toutes ces ressources financières, si ces préoccupations étaient en priorité affectées à l'éducation normale, il y aurait probablement beaucoup moins de laissés-pour-compte dont il faut ériger le souci en priorité par la suite. Quand un pont risque de s'écrouler, la priorité ne doit pas être de multiplier les postes de contrôle et de veiller à l'efficacité de la signalisation pour permettre à la circulation de se faire plus rapidement. Il faut d'abord en renforcer la structure fondamentale. Si la formation jugée essentielle était mieux assurée, ceux qui sont en difficulté seraient forcément moins nombreux, et il deviendrait plus facile de leur fournir une aide d'appoint beaucoup plus efficace.

— Et les décrocheurs? Ne valent-ils pas la peine qu'on s'occupe d'eux?

— Evidemment!... Et la manière la plus sérieuse de s'en occuper, c'est de tenter de remédier aux causes du phénomène.

— Parfois, l'urgence est telle qu'on n'a plus le temps de s'occuper des causes : il faut s'occuper des décrocheurs eux-mêmes!...

— Sans doute. Je ne veux pas revenir à mon exemple du pont. Je me contenterai de dire que mes semblables et moi sommes bien conscients que ce phénomène social est complexe. Cependant, l'institution peut jouer un rôle important pour aider ces jeunes en repensant l'encadrement qu'on leur donne dans leur formation. Une des causes les plus importantes du manque de sérieux des étudiants et de leur abandon prématuré des études, c'est que beaucoup d'entre eux sentent — à tort ou à raison — qu'on ne s'occupe pas vraiment d'eux, qu'ils ne sont que des numéros matricules dans une grosse institution, et que personne ne semble vraiment trouver important leur cheminement personnel et professionnel.

— Ont-ils vraiment tort?

— Je ne veux pas en juger. D'ailleurs, comment le pourrais-je? On peut toutefois observer que de nombreux professeurs font des efforts héroïques pour aider les étudiants dans leur cheminement. Deux facteurs rendent leur tâche particulièrement difficile. D'abord, le nombre d'étudiants dont ils ont la charge est souvent trop considérable. De plus, vous semblez affectionner les refontes complètes de programmes dans des périodes tellement courtes que le simple fait de s'adapter aux nouvelles directives, aux nouveaux contenus de cours et aux nouvelles pédagogies ne permet presque plus de trouver le temps et l'énergie qu'il faut pour vraiment s'atteler à la tâche de la formation... Et cela est vrai à tous les niveaux de formation.

— N'exagérons rien.

— Pourtant, quel professeur n'a pas observé parfois qu'il est physiquement impossible de rencontrer un étudiant pour l'aider à surmonter une difficulté? Si cela était rare, on pourrait ne pas s'attarder à ce problème. Mais cela semble tellement fréquent que les étudiants renoncent parfois à demander de l'aide parce qu'ils voient eux-mêmes que leur professeur n'aura pas vraiment le temps de s'occuper d'eux. Cela est vrai à l'élémentaire, au secondaire, au collégial, à l'université.

— Aux niveaux supérieurs, les étudiants sont quand même plus autonomes...

— C'est vrai. Mais cela n'exclut pas qu'ils aient besoin de rencontrer leurs professeurs. Et nombreux sont ceux qui se plaignent de ne pouvoir le faire, tellement ils sont peu disponibles.

— Cela ne dépend pas toujours du nombre d'étudiants...

— En effet. Et cela est une autre anomalie de votre système d'éducation : il ne semble pas capable d'assurer une telle disponibilité des professeurs, surtout aux niveaux supérieurs. Il est pourtant minimal que tous les professeurs puissent être au service des étudiants un certain nombre d'heures par semaine!

— Il ne s'agit pas que de la disponibilité des professeurs. Il y a aussi le fait que beaucoup d'étudiants se plaignent de ne pas recevoir rapidement leurs travaux et examens corrigés. Il arrive même qu'ils ne les reçoivent jamais. Que dire en plus des étudiants universitaires qui subissent le tort considérable de délais inimaginables dans les corrections de mémoires et de thèses, et ce, en dépit des directives fort claires de leurs institutions? Dans ces conditions, il n'est pas étonnant qu'à tous les niveaux les étudiants soient nombreux à se sentir délaissés, et qu'il y ait autant de décrocheurs. Mais cela n'est quand même pas trop étonnant. Les professeurs sont surchargés de travail et ils arrivent difficilement à se tenir à jour. La nature humaine a ses limites.

— Elle a des limites, en effet,... qu'il faut respecter. Il semble qu'au niveau universitaire, notamment, beaucoup de professeurs se laissent happer par la course aux subventions de recherche, et par le souci inhumain de publier le plus possible, parfois au détriment de la qualité de leurs travaux. Comme si seule la quantité des publications avait vraiment de l'importance!

— Je concède facilement que cela est devenu un travers de notre système, à ses échelons supérieurs. C'est que nos administrateurs ont établi des règles d'évaluation qui prennent en compte d'abord et avant tout la recherche et la publication d'articles scientifiques.

— Chez vous, la communauté universitaire en est devenue une de compétition féroce sur le modèle de votre économie : la quantité d'abord, la qualité ensuite. La qualité est importante dans la mesure où elle contribue à la quantité.

— Que voulez-vous dire, au juste?

— Je veux simplement souligner que nous sommes frappés par la ressemblance entre le fonctionnement de votre système d'éducation et celui de votre économie. Ainsi, le temps et l'énergie consacrés par de nombreux professeurs à préparer des demandes de subventions sont excessifs, si on les confronte au temps et à l'énergie consacrés à la recherche originale elle-même. Pourquoi? Parce qu'on semble pris dans cet engrenage qui veut que l'évaluation et la considération des professeurs soient fonction du nombre de subventions décrochées auprès des gouvernements et des divers organismes privés ou publics. De plus, la production intellectuelle elle-même est évaluée d'abord et avant tout en termes quantitatifs.

— N'est-ce pas un moyen d'assurer une certaine objectivité dans l'évaluation des performances d'un professeur qui fait de la recherche?

— Cela développe souvent une forme de cynisme qui a pour résultat que certains semblent se dire : «Vous voulez avoir la quantité? Vous allez l'avoir!...» Et c'est comme cela que souvent les mêmes articles sont publiés, avec quelques changements mineurs, dans différentes revues, que les courts articles ont la même importance — n'est-ce pas le même nombre de publications? — que les volumes mûris de longue date, que les apparitions dans les congrès sont cotées et compilées, bref, que s'étoffent les dossiers professionnels des chercheurs.

— Que voulez-vous? Les règles du jeu sont telles qu'il faut les accepter ou se retirer, comme dans beaucoup d'autres domaines...

— Mais, les règles de ce genre sont-elles bien adaptées à l'éducation et à la recherche?

— Jusqu'à ce que nous en trouvions de meilleures, il faut bien vivre avec celles que nous avons. Nos administrateurs ont bien des chats à fouetter, et ils font ce qu'ils peuvent.

— Ne peut-on pas soutenir qu'ils sont parfois bien loin de la réalité de l'enseignement et de la recherche? Quand on les observe un peu longuement, il est difficile de vraiment comprendre ce qui les distingue des administrateurs d'entreprises industrielles ou commerciales! Il est assez révélateur qu'on puisse sans grande difficulté interchanger les postes d'administrateurs d'une entreprise avec ceux des grandes institutions d'enseignement.

— Il ne faut pas trop s'en formaliser! Les qualités requises pour le bon fonctionnement d'une entreprise ressemblent assez à celles qui sont requises pour celui d'une grande institution. Les deux types d'institution ont beaucoup en commun.

— Mis à part qu'il y ait beaucoup de personnes, qu'il y ait des budgets à administrer, les buts visés sont très différents, il me semble...

— Où voulez-vous en venir, au juste?

— A l'éducation. Chez nous, les institutions qui assurent la formation des jeunes exigent, cela va de soi, de l'ingéniosité administrative. Mais la dimension administrative et la dimension économique ne prennent jamais le pas sur leur fonction première qui est l'éducation. Mais, nous reparlerons de tout cela. J'aimerais bien, si tu y consens, aborder un autre vaste sujet qui nous préoccupe beaucoup, et qui, en observant ce qui se passe chez vous, nous procure beaucoup d'étonnement.

— Lequel?

— La santé.

LA SANTE I

— En quoi notre manière de veiller sur notre santé vous étonne-t-elle?

— Ce qui nous interroge beaucoup, les miens et moi, c'est la difficulté de concilier tout ce que nous observons, chez vous, à propos du souci de la santé. Cela concerne la qualité des soins, l'organisation des institutions qui les dispensent, les politiques gouvernementales, les attitudes des personnes impliquées dans ce domaine, ...

— Ne pouvez-vous pas être un peu plus précis?

— Je veux simplement dire qu'il est bien difficile, pour un étranger, de comprendre votre manière de concevoir les services de santé.

— Je puis vous assurer que pour nous la santé est extrêmement importante. S'il faut vous en convaincre, il suffit de considérer le nombre d'institutions mises sur pied pour soigner les gens, et aussi l'énorme part du budget national consacrée à cet effet.

— Je prends bonne note de ce fait. De plus, je vous comprends bien lorsque vous dites que la vie humaine n'a pas de prix, que la santé est un domaine prioritaire, que votre société lui accorde une bonne part de ses ressources humaines et financières. Ce qui est particulièrement étonnant, c'est que malgré cela vous laissiez le hasard — eh oui! encore lui! — vous déterminer dans ce domaine. Un peu comme si vous vous disiez que la santé est tellement importante qu'il vaut mieux que vous ne preniez aucune décision à son propos. Avoue que cela n'est pas facile à comprendre...

— Comment, le hasard? N'avez-vous pas observé tout ce que nous avons mis en oeuvre pour veiller à la santé des gens? Je ne vous apprendrai tout de même pas que dans notre société, contrairement à ce qui se passe dans beaucoup d'autres milieux, tous peuvent se faire soigner gratuitement, quelle que soit la gravité de leurs maux!

— Oui, je sais. Vous avez la gratuité des soins pour tous, en principe, et...

— Pas seulement en principe. Dans les faits, il en est ainsi! Nous avons une médecine et un système de santé qui font l'envie de beaucoup de pays. Ce n'est tout de même pas rien. Et n'allez pas me dire que c'est par hasard. C'est là le fruit de décisions mûrement réfléchies dont nos gouvernements peuvent revendiquer le mérite.

— Ne s'agit-il pas plutôt de «décisions» du hasard?

— Où voulez-vous en venir?

— Il est tout de même curieux que dans votre société, qui est riche, somme toute, on ne parvienne pas à mieux organiser les soins de santé. Selon nous, cela est d'abord dû au fait que vous laissez les choses suivre le cours du hasard.

— Mais cela n'est pas vrai du tout. Vous devriez voir les tonnes de documents empilés dans certains ministères, qui ont servi à l'élaboration de notre politique de la santé...

— La plus grande partie de ces documents concerne les tentatives de groupes d'intérêts qui veulent promouvoir leurs causes. Et ce que tu appelles les «décisions» gouvernementales n'est souvent que la décision de ne pas trop déplaire à tel groupe tout en prenant en considération ses intérêts.

— Mais la politique, c'est cela, c'est l'art du compromis.

— Même dans le cas de la santé, que vous jugez pourtant d'une extrême importance? Le gouvernement n'est-il donc qu'un arbitre entre des rapaces qui se disputent une proie?

— Allons! Allons! Vous voyez bien que vous exagérez. Revenons à la santé.

— La chose qui nous étonne le plus, mes semblables et moi, c'est de voir à quel point le gouvernement de votre société — et celui d'autres sociétés de chez vous — semble refuser de prendre en main le système de santé pour le laisser à toutes sortes de groupes dont la tâche n'est pas politique. Je pense aux médecins, notamment, qui font danser le gouvernement à leur gré, aux autres corporations ou groupes d'intérêt, à des syndicats puissants...

— Arrêtez! S'il vous plaît, soyez plus précis, de grâce!

— Soit. Tu dis que votre médecine et votre système de santé font l'envie de plusieurs pays. Est-ce enviable que les médecins, par exemple, aient autant de poids dans les décisions gouvernementales?

— N'est-ce pas eux qui sont les premiers professionnels de la santé?

— Sans doute. Mais pas de la politique.

— Mais comment élaborer une politique de la santé sans tenir compte des avis des professionnels de ce domaine?

— Ce n'est pas de cela qu'il s'agit. Il est bien évident qu'une politique de la santé qui ignorerait complètement les avis des médecins serait irresponsable. Mais il est aussi irresponsable de leur laisser le pouvoir de gérer les soins de santé pour l'ensemble de la population. De même qu'il serait irresponsable de laisser aux pharmaciens le pouvoir de décision dans la politique de l'accès aux médicaments. La raison est simple, c'est qu'il y a conflit d'intérêts.

— Vous n'allez tout de même pas soutenir que nos professionnels de la santé ne veillent qu'à leurs propres intérêts?

— Certainement pas. La plupart d'entre eux semblent très compétents et surtout très dévoués. Mais ils sont humains, et beaucoup ont parfois tendance à oublier que leur fonction en est une de service à la population. Ils ne sont pas les seuls dans ce cas. Dans votre économie, on considère généralement comme des «services» ce qui n'est très souvent qu'un moyen de s'enrichir, et cela, parfois au détriment des gens qu'on prétend servir. Ces derniers sont autant de clients qui alimentent l'enrichissement. Les professionnels de la santé ne sont pas exempts de la soif d'enrichissement, sans doute, mais ce qui est grave, c'est que le gouvernement semble souvent céder à leurs pressions lorsqu'il se penche sur les décisions à prendre.

— Soyez donc plus concret!...

— Si le gouvernement veillait vraiment à la santé de tous comme vous le prétendez chez vous, il modifierait en profondeur beaucoup de choses. D'abord, il veillerait à instaurer une politique de médecine préventive. Ensuite, il veillerait à exercer un certain contrôle sur le nombre — et la répartition dans le territoire — des médecins et, de façon générale, des professionnels de la santé. Enfin, il s'attaquerait de manière décisive aux abus institutionnalisés et par voie de conséquence aux coûts qui en découlent.

— Comment pouvez-vous dire de telles choses quand notre médecine est parmi les meilleures au monde?

— Vraiment? Comment expliquer alors que dans les sociétés qui, comme la vôtre, jouissent de cette «meilleure médecine au monde» on retrouve la plus grande incidence de cancers et de maladies coronariennes? De façon générale, comment expliquer que là où la médecine est la meilleure les gens soient plus malades qu'ailleurs?

— Il ne faut tout de même pas généraliser. Ces maladies que vous nommez sont graves, bien sûr, mais c'est encore dans nos sociétés, comme vous dites, que l'on trouve les meilleurs soins. Par exemple, on peut même, au besoin, avoir un nouveau coeur. N'est-ce pas là une réalisation extraordinaire?

— Il serait plus simple, plus sensé, moins douloureux et moins coûteux de ne pas avoir à subir une telle opération chirurgicale!

— Allez dire cela aux patients dont le coeur flanche!

— Nous n'avons pas tellement souvent ce problème, chez nous.

— Vraiment? Comment cela?

— J'y reviendrai longuement plus tard... Pour le moment, je dirai seulement que la santé des gens n'est pas la seule responsabilité des professionnels de la santé. Car, vous l'admettez volontiers, chez vous, il y a beaucoup de maladies qui dépendent de l'environnement, du style de vie, bref de la société dans laquelle vous vivez. Et cela concerne les dirigeants politiques, et non les seuls professionnels de la santé.

— Mais j'insiste, nos dirigeants prennent leurs responsabilités!

— Comment se fait-il alors que même la santé des gens soit jugée moins importante que les rouages parfois aberrants de l'économie?

— Que voulez-vous dire?

— Que souvent la santé est subordonnée à l'économie, et donc au hasard. Un exemple qui illustre bien cela est le fait qu'on n'hésite pas à présenter à la télévision des émissions de qualité sur les recommandations tout à fait sensées de grands spécialistes de la médecine concernant les habitudes alimentaires alors que les messages publicitaires contredisent carrément ces recommandations. Pour être plus précis, il est pour le moins insolite que dans une même émission on incite les gens à éviter de consommer le beurre et en général les gras animaux alors que les commanditaires incitent les gens à utiliser le beurre dans la cuisson, et d'en manger avec toutes sortes d'autres aliments, dont le boeuf!...

— Cela est un exemple isolé...

— Mais combien symbolique de l'ensemble! Il nous apparaît, à mes semblables et à moi, que votre souci de la santé est subordonné à l'économie sous deux rapports majeurs : c'est un souci économique qui induit votre gouvernement à ne pas intervenir davantage dans la prévention de la détérioration de la santé, et c'est encore ce souci à court terme de l'économie qui le dissuade de mettre de l'ordre dans l'organisation des soins.

— Comment cela?

— Je dirai d'abord que le respect aveugle des lois du marché rend odieuse toute intervention visant à empêcher le déploiement «normal» des forces de l'économie de marché. Par exemple, il y a longtemps que l'on sait que le gras animal est une des causes principales, sinon LA cause principale, des maladies cardiovasculaires. Comment se fait-il que dans votre société on permette autant de publicité des produits laitiers, des viandes grasses, des aliments frits des chaînes de restaurants à bon marché? De plus, dans les milieux scientifiques les plus réputés, il y a longtemps que l'on associe le cancer au gras animal, à un excès de protéines. Il y a même eu, dans le pays considéré comme le plus avancé au point de vue scientifique, des études en ce sens connues par les plus hautes instances du gouvernement central, et cela n'a pas amené les autorités responsables à prendre des mesures préventives sérieuses.

— Et quelle en est votre explication?

— Que les lobbies concernés sont tellement puissants que le gouvernement n'ose pas les affronter. A tel point qu'en dépit des études convaincantes, on continue, dans certains milieux médicaux, à se montrer sceptique à l'égard de ces études. Et pourtant, périodiquement, peut-être à tous les mois, on peut lire dans une revue hebdomadaire lue à travers le monde et réputée pour son sérieux que l'on vient de prendre connaissance d'une nouvelle étude montrant que les gens venant de l'étranger et qui adoptent les habitudes alimentaires du pays hôte sont aussi susceptibles que les gens de ce pays de contracter le cancer et les maladies cardiovasculaires. Et l'on conclut généralement ces articles par un énoncé du genre: «On soupçonne qu'il y ait un rapport entre la diète et l'incidence de ces maladies»!

— C'est que nos scientifiques sont assez avertis pour exiger des preuves irréfutables avant d'avancer des affirmations qui prêtent à conséquence.

— Cela est un bien mauvais alibi. Dans l'Antiquité et au Moyen Age, on ne connaissait pas aussi bien que maintenant le système nerveux ni la circulation sanguine dans l'organisme. Pourtant, si quelqu'un s'était jeté en bas d'un précipice et avait perdu la vie, on ne se serait pas dit qu'on n'avait pas encore établi de manière irréfutable la cause exacte du décès, qu'elle ait été une hémorragie ou une interruption des fonctions du système nerveux. On aurait tout de suite conclu — avec raison — qu'il était extrêmement dangereux de sauter au fond d'un précipice. Parfois, les scientifiques et les politiciens doivent user du bon sens, et non dissimuler leurs intérêts ou leur inertie derrière un scepticisme étudié...

— Pourtant, dans le cas du tabagisme, notre gouvernement intervient, et avec de bons résultats. En interdisant la publicité télévisée du tabac, en haussant les taxes sur ces produits, le nombre de fumeurs a considérablement diminué. C'est donc que notre gouvernement se soucie de la santé des gens.

— J'y verrais plutôt une intervention à souci économique : on a fini par comprendre que les coûts sociaux reliés au tabagisme étaient énormes. Ce qui est étonnant, c'est qu'on ne fasse pas le même raisonnement à propos de beaucoup d'autres produits, la preuve étant faite qu'il y a là une certaine efficacité de ce genre d'intervention.

— Il m'est difficile de ne pas vous attribuer de la mauvaise foi. Pourquoi refuser à nos dirigeants l'intention de veiller à la santé des gens, dans leur intervention contre le tabagisme?

— Tout simplement parce qu'il y a trop d'exemples qui incitent à penser le contraire.

— Nommez-en, de ces exemples!...

— Beaucoup d'exemples de pollution très grave sont fort connus. On ferme les yeux sur la pollution des cours d'eau qui entraîne des maladies graves, au point qu'on doive recommander parfois de faire bouillir l'eau avant de la consommer. On ferme les yeux sur certains produits toxiques utilisés en agriculture sous prétexte que les fruits et les légumes ont une meilleure apparence sur le marché — traduction : qu'ils se vendent bien est plus important que le fait qu'ils soient sains. Et lorsque certains produits sont enfin interdits, on laisse leurs producteurs les exporter dans des pays où la législation est moins rigoureuse. Cela est vrai pour les insecticides, pesticides, engrais, tabac, médicaments, etc. Ensuite, on peut toujours comptabiliser cela comme de l'aide au tiers monde!... Je n'ai même pas besoin d'aborder beaucoup d'autres cas très graves de pollution de l'environnement comme les déversements de pétrole dans les mers... Est-il donc si évident que le souci de la santé prévale sur les impératifs économiques parfois à très courte vue?

— Vous oubliez sans doute que nos dirigeants ne peuvent endosser la responsabilité de ce qui se passe dans d'autres pays...

— Ce qui est dommage, c'est que la logique qui semble les guider — et qui est celle de l'économie à courte vue et, ultimement, du hasard — est la même, qu'on la considère à l'intérieur d'un seul pays ou à l'échelle mondiale. Et le plus aberrant, c'est qu'on ne semble pas comprendre que même sur le strict plan de l'économie, la prévention est à moyen et à long terme beaucoup plus économique que le laisser-faire...

— Vous avez une bien piètre image de nos dirigeants!

— Ce n'est pas de cela qu'il s'agit. On en a d'ailleurs longuement parlé précédemment. Les gens actifs en politique sont le plus souvent pris dans des rouages qui les incitent à courir au plus urgent. Ils n'ont pratiquement jamais le temps ni les moyens de planifier à long terme. Les fonctionnaires à qui on attribue ces tâches voient souvent leurs rapports dormir sur les tablettes pour «des raisons politiques». Mais, encore une fois, on a déjà abordé ce problème. Ce sur quoi je veux insister, c'est simplement que le souci de la santé passe irrémédiablement par une volonté ferme d'instaurer des moyens majeurs de prévention. Et il n'est pas évident qu'on soit arrivé à ce point, dans votre société.

— J'aimerais bien vous entendre sur les moyens que vous prenez, chez vous...

— J'y viendrai, ne t'inquiète pas.

— Qu'aviez-vous en tête lorsque vous parliez de la répartition des médecins sur l'ensemble du territoire?

— Je pensais aussi au nombre de médecins et aux autres professionnels de la santé. Ce que j'avais en tête, c'était l'accessibilité pour tous aux soins de santé. Tu me disais que ces soins étaient déjà universels. J'ajoutais «en principe». En fait, même si en principe tous peuvent se faire soigner, dans les faits, il en va autrement. Pour le moment, je me limite à la répartition des ressources humaines. Il est des régions où l'on manque de façon chronique d'omnipraticiens, de médecins spécialistes, d'infirmiers, de pharmaciens.

— On ne peut tout de même pas forcer les gens à aller pratiquer leur profession ailleurs que là où ils veulent bien se rendre!... Ce serait contraire à nos habitudes, à notre manière de vivre, à nos principes démocratiques.

— N'est-il pas du ressort des gouvernements de veiller à ce que tous les citoyens aient au moins le minimum vital? Cela n'exige pourtant pas un interventionnisme tous azimuts. Que ne fait-on pas pour inciter les entreprises étrangères à venir s'établir dans son pays! Faut-il donc un prodige d'imagination pour inciter les professionnels de la santé à assurer une distribution plus équitable de leurs effectifs?

— Notre gouvernement a déjà pris des mesures en ce sens, mais elles ne sont pas très efficaces.

— Il faut donc en trouver d'autres plus efficaces!

— Comme quoi, par exemple?

— J'y viendrai plus tard. Pour le moment, qu'il me suffise d'attirer l'attention sur deux points. D'abord, votre société a la capacité de former un plus grand nombre de professionnels de la santé qu'elle ne le fait présentement. De plus, on peut observer un énorme déséquilibre dans la distribution des ressources déjà existantes. Ce n'est donc pas un manque global de ressources humaines qui explique la pénurie parfois très grave dans certaines régions.

— Former un plus grand nombre de médecins est techniquement possible, sans doute, mais à un coût que notre société jugerait prohibitif.

— Ce coût serait prohibitif si vous persistiez à garder intact le statut social incroyable que vous consentez à reconnaître aux médecins et à d'autres professionnels de la santé, avec les coûts qui s'ensuivent!...

— Que voulez-vous dire, au juste?

— Que le noeud du problème réside dans une question de prestige et de gros sous. Si le gouvernement fixe le montant global des revenus des professionnels d'un secteur, il est élémentaire que si leur nombre est restreint, chacun recevra une plus grande part du gâteau, et que si ce nombre augmente, chacun verra sa part diminuée en proportion directe. La raison de l'intérêt se fait alors stimulante pour imaginer toutes les raisons qui la dissimulent, telle la prétendue incapacité pour nos universités et pour nos hôpitaux universitaires d'absorber un plus grand nombre d'étudiants. Quant à la question de prestige, je me contenterai d'attirer l'attention sur le nombre de professionnels de la santé qui tiennent à se faire appeler «docteur» alors qu'ils ont terminé un diplôme de premier ou de deuxième cycle universitaire.

— Je ne connais pas tous les cas auxquels vous faites allusion, mais je sais pertinemment que les médecins, eux, ont un statut social et des revenus qui ne sont pas totalement injustifiés. Leurs responsabilités sont très grandes.

— Personne n'oserait nier que cette profession médicale soit indispensable, dans une société. De plus, on sait que les médecins travaillent dans des conditions parfois extrêmement difficiles et stressantes. Côtoyer la souffrance, la détresse et la mort est très éprouvant. Il n'est pas surprenant qu'on puisse observer parfois un taux élevé d'alcoolisme, de toxicomanie, et même de suicide, chez les jeunes médecins. On voit aussi relativement souvent des médecins avoir à l'égard de leurs patients des comportements et des attitudes que l'on qualifie d'inhumains. Mais il faut comprendre que certains médecins doivent se bâtir une carapace qui les rende insensibles à certaines situations, s'ils veulent pouvoir continuer à faire avec compétence l'essentiel de leur travail. On voit mal, en effet, comment un chirurgien pourrait exercer sa profession si l'émotion ressentie à chaque opération lui faisait perdre ses moyens. Tout cela est fort compréhensible.

— Je sens venir un «mais»...

— Je dirais même trois «mais». D'abord, après un certain temps, beaucoup de médecins réussissent à composer avec le stress d'une manière fort acceptable. D'ailleurs, certains domaines de la médecine ne sont pas plus stressants que beaucoup d'autres professions ou métiers, c'est mon deuxième point. Enfin, il est difficilement admissible que beaucoup de médecins aient des revenus de très loin supérieurs à ceux des professeurs titulaires d'université. Il y a là une anomalie à la source de la limitation du nombre de médecins.

— Les médecins ne sont tout de même pas les seuls professionnels de la santé.

— Cela est vrai. Mais ils sont les premières compétences en ce domaine, et leurs exigences ont parfois des conséquences sur les autres. En effet, si dans une institution donnée les revenus du personnel sont fixes et que la disproportion entre les différentes professions est excessive — on peut comprendre qu'un médecin ait des revenus substantiellement supérieurs à ceux d'un infirmier, sans doute, mais il y a tout de même des limites — il y a fort à parier que le nombre de personnes moins qualifiées que les médecins sera réduit. Cela peut expliquer en partie la difficulté du recrutement des infirmiers et des infirmières. Leurs conditions de travail sont devenues très difficiles. Ces personnes sont pourtant celles qui sont le plus près des patients. Elles aussi sont indispensables.

— Comme vous l'avez déjà remarqué, le nombre de professionnels de la santé n'est pas le seul facteur à considérer, dans le problème de l'accessibilité aux soins.

— Non, bien sûr. On observe déjà un surplus de spécialistes, dans certains grands centres urbains, alors qu'il y a pénurie dans les régions dont la population est moins dense.

— Cela s'explique par le souci des spécialistes de se garder à la fine pointe de leur spécialité.

— Cela est une des raisons, sans doute, mais ce n'est pas la seule, car les moyens de communication sont suffisamment élaborés pour permettre à chacun, s'il le veut, de suivre relativement bien le développement de sa spécialité. Une autre raison est l'ampleur croissante d'un vice dans la pratique de la médecine. De plus en plus, les médecins, au lieu d'écouter patiemment les gens, s'en remettent presque exclusivement aux données de laboratoires pour se faire une image de leur santé. On se fie davantage aux analyses des prélèvements sanguins et autres qu'aux descriptions jugées trop subjectives des patients, ce qui entre en totale contradiction avec le vieux dicton selon lequel c'est d'abord le patient qui peut le mieux aider le médecin à le soigner. Ce vice de la pratique médicale explique que les spécialistes apprécient la proximité des grands centres urbains, car c'est là qu'on retrouve les appareils et les laboratoires les plus sophistiqués.

— Que voulez-vous, c'est cela la médecine moderne. Elle suit l'évolution générale de la science.

— On ne saurait reprocher à la médecine d'évoluer. Ce qui fait problème, ce sont les abus incroyables auxquels cela donne lieu.

— Que voulez-vous dire?

— Que les coûts derrière lesquels on se réfugie souvent pour limiter l'accès aux soins...

— Mais je vous arrête tout de suite: les soins de santé sont universellement accessibles!

— En principe, ai-je déjà soutenu, car ce qui est passablement universel, c'est plutôt l'attente dans les salles des cabinets de médecin et des hôpitaux, et la manière inhumaine et expéditive avec laquelle les gens sont trop souvent traités. Ici, tout de même, il me faut reconnaître, en toute honnêteté, qu'il y a des exceptions nombreuses. Malgré les vices du système, il se trouve de nombreux médecins, et beaucoup d'autres professionnels de la santé, en particulier chez les infirmiers et infirmières, qui gardent une approche extrêmement humaine et accueillante à l'égard de leurs patients, qui frôle parfois l'héroïsme. On ne le soulignera jamais assez. Mais, en même temps, cela ne doit pas nous faire oublier les vices du système, dont à peu près tous ont fait l'expérience pénible.

— Ces vices ne sont pas propres à notre société.

— Bien sûr que non. C'est pourquoi, en me penchant sur les abus incroyables, dans le système de la santé, je distinguerai deux grands volets. Les abus des professionnels de la santé — pas de tous! bien évidemment, mais d'un trop grand nombre — qui sont loin d'être propres à votre société particulière, et les abus de la part des gens qui ont recours à leurs services, ces derniers abus étant davantage typiques de votre société et de celles qui, comme la vôtre, permettent un large accès aux soins de santé.

— Ces abus sont-ils si considérables qu'on ne puisse les attribuer aux travers humains compréhensibles? On ne peut attendre d'un gouvernement qu'il adopte une loi qui rende les gens parfaits!...

— Ils sont suffisamment considérables, en tout cas, pour expliquer que malgré leurs grandes richesses, plusieurs pays n'arrivent pas à faire en sorte que tous leurs citoyens aient un accès réel à des soins de qualité, sans compter les autres services indispensables dont les coûts ne peuvent être assumés, faute de ressources.

— Expliquez-vous.

— Je me servirai de quelques exemples seulement. Dans le pays le plus riche de votre monde, on considère comme établi que les coûts des soins de santé sont deux fois plus considérables que les coûts de la défense nationale qui, eux, sont déjà exorbitants. Or, une grande partie de ces coûts vient des abus de la pratique médicale. Le plus coûteux est peut-être celui qui consiste dans l'utilisation excessive, très souvent inutile, de tests sophistiqués.

— Comment cela est-il possible, à grande échelle?

— C'est que les hôpitaux, pour attirer les meilleurs médecins, veulent se doter des meilleurs appareils, souvent extrêmement onéreux, et par cercle vicieux, les médecins, pour justifier administrativement ces achats, en font un usage qui dans bien des cas est inutile. De sorte que, paradoxalement, le grand nombre des services disponibles, notamment dans les grands centres urbains, ne fait pas chuter les coûts comme on pourrait s'y attendre. La pire situation est sans doute celle dans laquelle les médecins eux-mêmes investissent dans l'achat d'appareils et parfois même de centres médicaux. Tout cela est déjà largement connu des autorités compétentes en la matière. Un spécialiste très réputé affirme même que si le gouvernement mettait de l'ordre dans le secteur de la santé, le déficit national, qui est astronomique, serait réduit de moitié! Et pourtant, peu de correctifs substantiels voient le jour...

— Vous ne pouvez tout de même pas nier que la recherche médicale de pointe est extrêmement coûteuse et que, de quelque manière, elle cherche à se rentabiliser...

— Ce qui est triste, parfois, c'est que des fonds très considérables sont utilisés à faire de la «médecine de symptômes».

— Que voulez-vous dire, au juste?

— Mes semblables et moi n'arrivons pas à comprendre comment vous pouvez investir autant d'efforts humains et financiers à combattre des symptômes de maladies, plutôt qu'à vous attaquer à la source de ces maladies.

— Pouvez-vous être un peu plus précis?

— Les efforts et les fonds déployés dans les recherches visant à produire des médicaments efficaces sont parfois mal dirigés. Qu'on utilise le génie génétique pour produire des médicaments susceptibles de détruire les cellules cancéreuses en épargnant les cellules saines est ingénieux et relève d'un grand savoir-faire. Mais cela consiste à traiter une maladie en tentant d'éliminer les symptômes. Si on ne s'attaque pas aux causes de la maladie, sa réémergence est tout simplement retardée.

— Ce n'est tout de même pas négligeable!

— Sans doute. Mais il serait tellement plus simple, plus sensé et plus efficace de s'attaquer à la source du problème!

— Le cancer est une maladie bien mystérieuse...

— Vous en savez assez long à son sujet pour prendre des mesures très efficaces. Chez nous, en tout cas, notre savoir à ce sujet n'est pas plus développé que le vôtre, et les cas de cancers sont beaucoup moins nombreux.

— Et comment vous y prenez-vous?

— J'y reviendrai. Je tiens seulement à ajouter que ce que je viens de dire s'applique aussi à la recherche de médicaments et de traitements concernant d'autres maladies, notamment les maladies cardiovasculaires.

— Et vos autres exemples d'abus, plus locaux, cette fois?

— Qu'il suffise d'en nommer quelques-uns qui sont de notoriété publique. D'abord, elles sont très nombreuses les mères qui ont dû subir une épisiotomie à leur premier accouchement... et aux subséquents! Elles sont nombreuses les mères qui ont dû accoucher par césarienne parce que leur bébé se présentait par le siège et, «césarienne un jour, césarienne toujours», comme par hasard, pour les naissances ultérieures, la césarienne est fortement recommandée!...

— Où voulez-vous en venir?

— A ceci qu'on pratique souvent des actes médicaux inutiles, mais payants pour ceux qui les accomplissent.

— Comment pouvez-vous en juger?

— Par des aveux qui viennent de médecins! En particulier de jeunes médecins. Heureusement, les choses ont un peu tendance à changer. Par exemple, dans le passé, on enlevait de routine les amygdales aux enfants, les petits garçons subissaient de routine la circoncision, et...

— Soyez honnête! La médecine évolue. Si, à une certaine époque, on estime qu'un type d'intervention est souhaitable peut-on faire le reproche d'agir en conséquence?

— Tu as sans doute raison en ce qui concerne certains cas mais, même actuellement, des abus évidents sont indiscutables. Qu'il suffise de penser à une certaine nonchalance de médecins qui renvoient un peu trop facilement des patients à des collègues spécialistes. Comment, par exemple, peut-on offrir à un patient qu'il subisse une anesthésie générale pour l'ablation d'un ongle incarné, sans raison spécifique? Comment ne pas trouver abusif qu'on juge «essentielle à l'équilibre psychologique» une intervention en chirurgie esthétique qui n'a en fait d'autre justification que de combler une certaine coquetterie? Il est bien difficile de ne pas voir là une manière assez grossière de satisfaire une norme gouvernementale...

— Les abus de la part des gens qui demandent des soins ne sont-ils pas davantage significatifs?

— Comment savoir?... Avant d'y arriver, je voudrais encore souligner un autre abus des professionnels de la santé. Quand on observe à quel point les gens, en particulier les personnes âgées, consomment des médicaments, on ne peut qu'être époustouflé!

— Il n'est tout de même pas étonnant que les gens plus âgés voient leur santé décliner, et qu'ils aient davantage besoin de traitements et de médicaments!

— Sans doute. Mais pas au point qu'on leur en prescrive une aussi grande quantité. On voit des cas où des personnes se voient prescrire plusieurs médicaments dont la plupart servent à atténuer les effets secondaires des autres. N'est-ce pas aberrant? On peut comprendre l'intérêt des compagnies pharmaceutiques à inonder les médecins de publicité, d'échantillons gratuits, et parfois d'autres démarches moins louables pour mousser la promotion de leurs produits. Mais il devrait bien y avoir quelque part une autorité qui tempère ces intérêts économiques illimités!...

— Il est toujours dangereux de tenter de diriger les forces de l'économie.

— Il est parfois davantage nocif de laisser les choses être modelées par le hasard de ces forces, en particulier lorsqu'il s'agit de la santé des gens.

— Il est pourtant essentiel de laisser le plus de liberté possible aux gens. Cela vaut pour le domaine de l'économie, comme d'ailleurs pour le domaine de la santé.

— En principe, on peut comprendre cela. Mais il y a des limites raisonnables à respecter. Par exemple, les abus, dans le domaine de la santé, ne sont pas le lot exclusif des professionnels de la santé ni des entreprises pharmaceutiques ou des entreprises qui produisent des équipements. Dès que l'Etat fournit une aide substantielle pour que les gens puissent avoir accès aux soins de santé sans se ruiner à tout jamais, il s'en trouve qui semblent adopter comme hobby de faire le tour des cabinets de médecin ou d'autres professionnels de la santé. Cela est bien connu du public et des autorités gouvernementales de votre société. Et pourtant, il ne semble pas y avoir de mesures véritables pour limiter ces abus.

— C'est qu'il est difficile de les limiter efficacement sans du même coup porter atteinte à des droits que l'on juge fondamentaux.

. — Au point que ces abus finissent par entraîner une limitation dans l'accès aux soins pour ceux qui en ont véritablement besoin? N'y a-t-il pas, quelque part, un manque d'imagination, ou un manque de volonté politique?

— Tout cela n'est pas aussi simple que vous semblez le supposer. Le domaine de la santé n'est pas isolé des autres domaines. Par exemple, il est intimement lié à l'économie, à l'éducation, à la politique, pour ne nommer que ces domaines. Et tout cela n'est pas indépendant de la conception que l'on se fait de la vie en société.

— Je suis content de te l'entendre dire!…

— Ne trouvez-vous pas qu'il serait enfin temps que vous m'exposiez comment vous traitez, chez vous, les domaines que nous avons abordés? Ce serait tellement plus simple que de toujours vous en prendre à notre vision des choses et à nos pratiques!

— Si j'ai pu paraître dur à l'égard des autorités de ta société, et de ceux qui oeuvrent dans les domaines dont nous avons discuté, je le déplore, crois-le bien. Mon but n'était pas de leur porter atteinte de quelque manière que ce soit. Je voulais simplement exprimer mon étonnement, mon incompréhension. Mes semblables et moi sommes parfois complètement ahuris devant certaines de vos pratiques. C'est cela que j'ai voulu traduire. Si le ton de nos entretiens a peut-être outrepassé un taux acceptable de décibels, s'il est de nature à t'avoir blessé, si le contenu de mes propos est susceptible d'irriter ou de blesser toute personne qui en prendrait connaissance, sois assuré que je le regrette profondément. Il est vrai qu'il est peut-être temps que je te décrive, ne serait-ce que sommairement, comment les choses se déroulent chez nous. Tu auras, par la même occasion, la possibilité d'adopter à notre égard le rôle que je me trouve à avoir assumé à l'égard de ta société.

DEUXIEME PARTIE

Tous ces échanges avec le vieillard m'ont à la fois remué et laissé songeur. Il ne m'avait pas vraiment convaincu que notre société était en fait une société à la dérive, mais je n'avais aucune peine à reconnaître que beaucoup de ses observations étaient sensées. De plus, il faudrait ne pas être très réaliste pour supposer qu'une société puisse être irréprochable en tous points. S'il était aussi enclin à juger durement notre société, même si son ton était toujours affable, j'étais bien curieux de connaître la sienne.

— Et votre société, elle, comment est-elle organisée?

— Oui, je veux bien, maintenant, répondre à une foule de questions que tu te poses sans doute. Souviens-toi, lors de notre premier entretien, je m'y étais engagé. Il me fait plaisir de remplir cet engagement, car j'aime beaucoup nos entretiens, et mes collègues m'ont assuré que nos propos les intéressaient vivement.

— Aucun d'entre eux n'intervient jamais!...

— C'est leur choix. Je dois ajouter, cependant, que nous sommes tous conscients que nous ne pourrons nous attarder ici indéfiniment, que nous devrons retourner chez nous, tôt ou tard, et donc qu'il nous faut tirer profit au maximum de nos rencontres.

— Alors, votre société?...

— Oui. Eh bien! Elle n'est pas parfaite, loin de là. C'est pourquoi, comme je l'ai déjà expliqué, nous sommes ici. Avec le temps, nous sommes toutefois parvenus à une organisation sociale assez satisfaisante. Je dis «avec le temps», et c'est vraiment le cas, car notre société est très vieille, si je la compare à la tienne, mais venons-en à l'essentiel. Le principe de son organisation, ou plutôt, ce qui l'anime, c'est une attitude. Si on considère cette attitude, d'un point de vue théorique, je veux bien qu'on l'appelle «principe», mais en réalité, il s'agit de quelque chose qui s'est raffiné avec le temps, qui a donné lieu à des changements sociaux, à de nombreux ajustements.

— Il s'agit bien d'un principe, tout de même, car c'est cela qui est à la base de votre organisation sociale.

— C'est juste. Mais je veux insister pour dire que nous ne nous sommes pas réunis un bon matin pour décider quel principe allait constituer le fondement de notre organisation sociale. C'est une attitude qui s'est développée avec le temps, qui est entrée dans les moeurs, dont on a souvent discuté, sans doute, mais qui est comme quelque chose de vivant qui s'est développé, un peu à la manière d'une plante dont on prend grand soin.

— Comment décrire cette attitude?

— D'abord, je veux la nommer. Et ce n'est pas très facile, car je ressens les limites de ma familiarité avec votre langage. Je crois que la notion de respect dirait assez bien l'essentiel de l'attitude dont je veux parler. «Respect», «considération», «amitié», «bienveillance», ce sont tous des mots qui conviendraient, je pense.

— Mais, il ne faut pas croire que notre société en soit dépourvue!

— Mais non! Et je ne voudrais pas que tu penses que nous le croyons. Cette attitude dont je parle, nous croyons la reconnaître dans de multiples interventions à la fois des individus et des groupes. Nous reconnaissons aussi que certains de vos dirigeants en sont tout à fait capables. Ce que nous croyons comprendre, cependant, c'est que ce n'est pas cette attitude qui est la base de votre organisation sociale, alors que c'est le cas, dans notre société. Nous avons essayé d'adapter nos institutions à cette attitude, et cela, espérions-nous, sans dogmatisme, sans faire fi de toute opposition. Cela est venu naturellement, par goût, si l'on peut dire.

— Ne pourrait-on pas nommer cette attitude le «respect des personnes»?

— Sans doute. Notre société, en effet, s'organise — c'est un processus qui ne se termine jamais — dans le plus grand souci des personnes qui la composent. Non pas que nous accordions une priorité absolue aux individus au détriment des collectivités ou des groupes qui composent notre société. En fait, les choses ne se présentent pas comme cela, à notre esprit. Nous ne pensons pas en termes d'opposition entre l'individuel et le collectif. Pour nous, la vie collective est une modalité non contraignante d'épanouissement de chacun. Par conséquent, s'il advient qu'un individu soit brimé par d'autres ou par une collectivité, ce qui est inévitable, nous sommes extrêmement sensibles à ce fait, et assez spontanément nous essayons, par souci pour cet individu, d'harmoniser ce qui serait à la source des différends.

— Voulez-vous dire que vous essayez de ne jamais user de force?

— Non. Ce serait parfois être irresponsable. Mais il y a la manière. C'est pourquoi j'insiste sur le fait que c'est une attitude qui est à la base de l'organisation de notre société, et non pas un principe désincarné appliqué envers et contre tous.

— Mais, pour quelle raison avez-vous adopté ce principe du respect des personnes? Beaucoup d'autres principes seraient tout aussi valables...

— Beaucoup d'autres? Vraiment?

— Je pense par exemple à la justice.

— Qu'est-ce que la justice, sinon une modalité du respect des personnes? Que vaudrait une justice qui essaierait de promouvoir par exemple ce que vous appelez «les droits de la personne» et qui ferait fi des personnes elles-mêmes?

— Il y a aussi l'égalité...

— L'égalité de quoi? Des chances? Des ressources? Finalement, ceux qui veulent promouvoir ce genre d'égalité, que visent-ils sinon une plus grande considération pour les personnes elles-mêmes? Une égalité qui n'aurait pas cette visée pourrait être la source de bien des maux que vous connaissez déjà fort bien, il me semble.

— Sans doute.

— En bref, le respect des personnes nous semble extrêmement important, comme principe de l'organisation sociale, car ce sont elles, les personnes, qui sont les éléments constitutifs de la société.

— Certains pensent que les personnes sont avant tout des êtres capables de produire leurs moyens de subsistance, ce que les animaux, par exemple, ne sont pas capables de faire...

— Cela est en partie vrai, mais en partie seulement. S'il en était ainsi, que penser des malades, des infirmes, des enfants et des vieillards? Nous, nous voyons dans les personnes d'abord et avant tout la capacité — parfois mise en veilleuse, il est vrai, par des facteurs comme la maladie, la fatigue, l'insécurité — de déterminer leur propre destin, qui peut parfois n'être que cette capacité de choisir d'elles-mêmes ce qui leur est offert par d'autres.

— Que voulez-vous dire, au juste?

— Je me limiterai à dire que la valeur que nous accordons aux personnes ou la dignité que nous leur reconnaissons vient de leur capacité de composer d'elles-mêmes avec les autres. En clair, par exemple, je trouve important de m'entretenir avec un inconnu dans la mesure où les rapports que j'ai avec lui ne sont pas à sens unique mais sont constitués par deux êtres qui choisissent d'eux-mêmes d'établir ces rapports. Mais cela pourrait nous emmener bien loin...

— En effet. Dans la pratique, comment les choses se passent-elles dans votre société?

— Si tu le veux bien, nous garderons les mêmes domaines que ceux que nous avons examinés, dans le cas de ta société.

— D'accord. Dans ce cas, nous commencerons donc par la politique.

LA POLITIQUE II

— Comme chez vous, l'organisation sociale est structurée en fonction de pays. Il ne s'agit pas là d'une entité territoriale qui soit la seule unité de référence pour structurer la vie en société, mais c'est la principale.

— Chez nous, vous avez pu l'observer, les relations entre les pays deviennent parfois tellement importantes que les plus grandes décisions se prennent à l'occasion par-dessus la tête des gouvernements des pays. C'est le cas, notamment, de décisions prises dans le cadre d'ententes économiques ou militaires. Il arrive que les pays les plus importants, quant à la population et à la puissance économique ou militaire, prennent des décisions que d'autres pays ne peuvent pas vraiment ne pas imiter sans qu'il leur en coûte très cher.

— Il en va de même pour nous, et cela est inévitable. Ultimement, toutefois, un pays pourrait légalement prendre les décisions qu'il veut à l'égard des questions qui le concernent. Cela pourrait nuire à ses intérêts, parfois, mais il a ce pouvoir légal de déterminer sa propre destinée comme il l'entend.

— Y a-t-il beaucoup de pays chez vous?

— C'est sensiblement comme dans votre monde. Cela a varié avec le temps, mais nous en sommes venus à une situation relativement stable. C'est que nous nous sommes enfin entendus sur les conditions qui rendaient souhaitable la reconnaissance d'un pays.

— Pour nous, c'est un problème qui est loin d'être réglé. Il y a tellement de facteurs qui entrent en ligne de compte. Certains ont soutenu que là où il y a une culture propre, il devrait y avoir un pays. Mais, il nous faut bien reconnaître que beaucoup de pays ont une culture relativement commune, et que ce serait une erreur que de réduire à un seul pays ce vaste ensemble. La géographie joue aussi un rôle important. Par exemple, deux sociétés peuvent très bien avoir une culture similaire, mais si elles sont séparées par une grande distance, ou par une chaîne importante de montagnes, ou par une mer, il arrive qu'il soit souhaitable d'avoir deux pays.

— En effet.

— Par ailleurs, il arrive aussi qu'un certain nombre de gens partagent une culture très ancienne, que certains estiment être en voie de disparition, mais que ces gens soient éparpillés dans un pays qui, lui, a une culture bien vivante. On ne trouve pas souhaitable, là non plus, de créer un pays qui n'aurait pas ce qu'il faut pour subsister par lui-même. Au total, il nous arrive d'être assez perplexes quant aux conditions qu'il faut rassembler pour créer un nouveau pays. Chez vous, comment les choses se passent-elles?

— Ce que nous avons trouvé de mieux, et qui semble satisfaire suffisamment tout le monde, c'est qu'un pays devient souhaitable quand un ensemble significatif de personnes vivant sur un territoire qui peut être facilement délimité a les ressources suffisantes pour combler l'essentiel de ses besoins et partage une culture commune.

— Cela ne peut-il pas donner lieu, et inutilement, à un nombre incalculable de pays?

— Non, car il manque une condition essentielle : il faut que ces gens veuillent avoir leur propre pays.

— Que faites-vous de ceux qui ont une autre culture et qui vivent sur le territoire de ce pays?

— J'y arrive. Même si la notion de culture n'est pas toujours très claire — qu'est-ce qui, ultimement, définit une culture? Est-ce la langue, les traditions religieuses, culinaires, sportives, l'habillement? —, elle sert, avec d'autres facteurs comme ceux qu'on vient de voir, à justifier l'existence d'un pays propre, à la condition que les gens réclament ce pays. Le point le plus important, c'est que l'organisation de la vie sociale en un pays nous semble pouvoir plus facilement favoriser le respect des personnes. C'est en cela, au bout du compte, que réside pour nous la raison fondamentale de la création d'un nouveau pays, ou le maintien d'un pays qui existe déjà. S'il en était autrement, on assisterait à des conflits sans fin, à des pertes d'énergies humaines considérables, à des inimitiés, voire à des haines, aussi stériles qu'évitables.

— Et les minorités?

— Il est inévitable que dans la plupart des pays il y ait des gens qui, pour une raison ou pour une autre, ont choisi de venir s'établir dans un pays dans lequel leur culture n'est pas celle qui est la plus répandue. Il peut arriver, aussi, que l'histoire ait produit un découpage de frontières tel que des gens qui appartenaient à la majorité culturelle se trouvent soudain dans une minorité. Il est encore possible que des gens, relativement peu nombreux, descendent d'un peuple très ancien et se trouvent engloutis, pour ainsi dire, dans une nouvelle culture. Dans tous les cas, chez nous, les autorités d'un pays sont particulièrement soucieuses de ces minorités. Le respect des personnes, en effet, prend en compte les difficultés particulières inévitablement éprouvées par les gens qui se trouvent en minorité dans une collectivité.

— Cela est bien abstrait. Concrètement, qu'est-ce que cela veut dire?

— Cela veut dire par exemple que les gouvernements aident davantage que les autres ceux qui sont en minorité. Concrètement, cela peut vouloir dire, par exemple, qu'un étudiant d'une minorité peut obtenir davantage d'aide financière pour faire ses études, s'il doit s'inscrire dans une école où sa culture est ignorée. Si le nombre est suffisant, il peut y avoir des écoles, voire des universités, pour ces minorités. Le principe général du respect des personnes peut prendre plusieurs formes. Souvent, il s'agit d'une aide financière particulière, si les minorités sont trop restreintes pour obtenir les ressources qu'il leur faut pour bien se débrouiller comme les autres.

— Et les minorités d'une culture ancienne?

— C'est à eux que nous accordons la plus grande importance. Nous essayons de maintenir vivante leur culture, nous tentons, dans les limites qui nous semblent raisonnables, de maintenir pour eux un environnement qui corresponde le plus possible à leurs aspirations.

— Des «limites raisonnables», cela est bien vague...

— Sans doute. Ce que je veux dire, c'est que le respect pour les cultures anciennes est tout aussi réel que celui que nous éprouvons — et manifestons concrètement — à l'égard des vieillards. Il ne s'agit donc pas de mots creux... De même qu'un vieillard exige plus d'attention et de soins qu'une personne dans la force de l'âge, ainsi nous accordons un grand respect aux minorités des cultures anciennes.

— Ces conditions pour créer un pays, ne visent-elles pas, tout compte fait, à créer une situation où les collectivités se referment sur elles-mêmes?

— Au contraire! Elles sont les conditions même d'ouverture vers les autres collectivités. Il en va de l'expérience humaine commune qui veut qu'avant de s'ouvrir aux autres, il faut avoir une identité propre. C'est vrai des personnes, c'est aussi vrai des collectivités. Ce qui est paralysant et favorise l'atrophie, c'est de croire qu'il est possible de composer avec les autres sans avoir sa propre identité. Il est vrai que cette identité se raffine et se raffermit en composant avec les autres, mais il faut au départ une décision de composer avec les autres qui vienne de soi. Par la suite, la dynamique des rapports avec les autres fait que plus ces rapports sont significatifs, plus ceux qui entrent dans ces rapports voient leur identité se clarifier, acquérir de la densité ; ce qui les rend encore plus aptes à décider d'eux-mêmes de nourrir des rapports avec les autres. Si ce n'était pas le cas, en effet, la création d'un pays, et même le maintien des pays existants seraient des moyens d'étouffer les gens, individuellement et collectivement.

— Avoir un pays, c'est important, bien sûr, mais comment vos pays arrivent-ils à se structurer selon le principe du respect des personnes?

— Le pays n'est pas une fin en soi. Il n'a pas pour but, non plus, de satisfaire des aspirations romantiques. C'est un moyen de favoriser le respect des personnes. Les structures qui en découlent ne sont donc pas, elles non plus, des fins en soi. Elles doivent être souples et continuellement appréciées, jugées, pensées en regard de leur raison d'être. Le rôle de la politique n'est pas de tout assurer, mais de veiller à ce que ce qui se passe sur un territoire favorise pour tous et chacun une entraide et une harmonie telles qu'ils puissent avoir une vie décente, tant au point de vue de la satisfaction des besoins dans les domaines du logement, de la nourriture, de l'habillement, de la santé, de l'éducation, de la sécurité, que du point de vue de la satisfaction des aspirations personnelles les plus intérieures.

— Mais, c'est du totalitarisme!...

— Mais non! Le totalitarisme se caractérise par la volonté de tout assumer, de tout contrôler. Pour nous, la fonction propre de la politique se limite à assurer l'essentiel des conditions évoquées. Le reste appartient aux personnes elles-mêmes, aux regroupements spontanés, à l'initiative de chacun. En clair, pour nous, la politique n'a pas pour fonction première de promouvoir une conception particulière du bien. Si nous insistons tellement sur le respect des personnes, c'est qu'il s'agit là d'une condition nécessaire au libre déploiement des diverses conceptions du bien.

— Concrètement, qu'en est-il?

— Dans les faits, cela peut donner lieu à une grande variété d'organisations concrètes, ou pour parler plus techniquement, à plusieurs formes de constitutions. Cependant, la plupart se rapprochent de ce que vous appelez la «social-démocratie». Je dois m'empresser d'ajouter que, d'un pays à l'autre, les degrés dans la dimension «sociale» varient considérablement. Mais cela est attribuable principalement aux cultures en présence, et ne met jamais en question le grand principe du respect des personnes. Ce n'est que la manière concrète de favoriser ce respect qui prend des formes différentes.

— Vous avez déjà fait beaucoup de remarques sévères à l'endroit de notre système politique et de ce que nous appelons «système démocratique». J'ai bien hâte de voir en quoi consiste votre système politique…

— Je dois dire que mes remarques n'étaient pas si sévères que tu sembles le penser. Je posais des questions sur des points qui nous intriguent, c'est tout. Chez nous, nous n'avons pas qu'un seul système politique, nous en avons plusieurs, comme chez vous. Toutefois, et je l'ai déjà mentionné, à peu près tous sont, avec des variantes parfois assez importantes, des «social-démocraties», comme vous les appelez chez vous.

— N'est-ce pas déjà imposer une certaine conception du bien, de la justice?

— Non, car il demeure loisible à la population de chaque pays de modifier sa constitution. De tels changements se produisent à l'occasion.

— Sans décrire dans les moindres détails vos systèmes politiques, pourriez-vous mentionner quelques points majeurs qui feraient ressortir en quoi ils contrastent avec celui de ma société?

— Bien sûr. Comme tu t'en doutes, le respect des personnes vient en tête de nos préoccupations. Concrètement, cela veut dire qu'en politique nous nous soucions des choix que font les gens. Nous tentons d'assurer le minimum vital à tous, mais pour le reste, nous ne voulons pas tout décider pour eux. Nous essayons de créer les conditions favorables à l'émergence d'un tissu social sain et harmonieux. Comme nous ne voulons pas imposer à tous et à chacun ce qu'ils devraient faire, penser, vivre, nos systèmes politiques prévoient des mécanismes par lesquels les décisions gouvernementales s'ajustent aux véritables choix des gens.

— Quels genres de mécanismes?

— Par exemple, pour éviter de nombreux travers comme ceux que nous avons déjà examinés, nous avons prévu un mécanisme qui se rapproche de ce que vous appelez les «Etats généraux», et qui a pour fonction de revoir périodiquement l'«état de santé», pour ainsi dire, de la société. Même si les modalités du fonctionnement de ce mécanisme varient parfois sensiblement d'un pays à l'autre, la visée demeure la même. En gros, il s'agit d'un organisme composé des représentants des grands organismes qu'on retrouve dans la société. Je dis «grands organismes», mais en fait il y a aussi des individus qui se prononcent en leur nom propre, et non comme représentants d'une collectivité, mais je reviendrai sur ce point.

— Comment appelez-vous cet organisme?

— Tous les pays ne le nomment pas de la même manière, mais dans beaucoup de cas on l'appelle le «Grand Conseil». Certains se moquent de cette appellation, mais cela est un détail. Ce Conseil, donc, est composé d'une manière telle qu'il est assez représentatif des grands courants de pensée de la société, des grands intérêts, et ce, dans à peu près tous les grands domaines d'activité. On y retrouve des gens d'affaires, des représentants syndicaux, des représentants de corporations professionnelles, des représentants des divers milieux artistiques, des religieux de différentes croyances, des représentants des milieux de l'éducation, de la santé. On y retrouve aussi des jeunes, des personnes âgées, et un certain nombre de gens choisis, soit parce qu'ils sont très populaires auprès d'un grand nombre soit parce qu'ils ont un jugement que de nombreuses personnes trouvent particulièrement fiable.

— Je vois en effet, qu'il s'agit d'un très grand Conseil... Mais au fait, combien de personnes siègent à ce Grand Conseil?

— D'un pays à l'autre, cela varie entre cent et cinq cents personnes. Ce qui est plus important que le nombre de ceux qui le composent, c'est sa fonction. Comme chez nous les élections ont lieu à date fixe, à une exception près, pour éviter la démagogie d'un gouvernement qui voudrait se faire réélire, la fonction du Grand Conseil s'exerce aussi à date fixe, soit à tous les quatre, cinq, et parfois sept ans, selon les pays. Les travaux de ce Conseil sont rendus publics environ un an avant les élections.

— Un mandat de sept ans, c'est bien long!

— Peut-être, mais certains pays ont opté pour un tel terme en pensant qu'ainsi, la «machine» gouvernementale ne serait pas continuellement paralysée par les élections, comme cela arrive dans certains pays de chez vous, à ce que j'ai cru comprendre.

— N'est-ce pas un manque de «sens démocratique»?

— Non, car cela peut être modifié. Dans un pays, récemment, on a porté de sept à cinq ans la durée d'un mandat. Par contre, dans deux autres, on l'a déjà porté de quatre à cinq ans. Cela n'est donc pas un problème réel...

— Et la fonction de ce Conseil?

— J'y arrive. Son rôle, comme je l'ai dit est de revoir «l'état de santé» de la société. Ce que je veux dire, c'est qu'il a pour fonction de repérer les grands problèmes de la société et d'en examiner les solutions possibles.

— Cela n'est pas très original. Chez nous, ce sont les partis politiques qui assument cette fonction.

— Sans doute. Mais n'a-t-on pas vu à quel point, en dépit des apparences, cela donnait lieu à de la démagogie, à de l'opportunisme, bref à des failles très sérieuses de ce que vous appelez le «sens démocratique»?

— Ces failles sont probablement déplacées des partis politiques au Grand Conseil, chez vous. Ce sont des failles à peu près inévitables, car la nature humaine n'est pas parfaite...

— Il est vrai que certaines distorsions ne peuvent être évitées, chez nous non plus. Mais le rôle du Grand Conseil en réduit considérablement l'impact, un peu comme la séparation des pouvoirs, dans certains de vos pays, atténue les défauts inhérents à tout pouvoir politique.

— Comment y arrive-t-il?

— En limitant l'arbitraire des partis politiques et du vote de la population. Ce rôle n'est pas celui d'un organisme indépendant de tout intérêt, de tous les citoyens. Au contraire, il se veut représentatif des gens et des groupes qui composent la société. Même les différents partis politiques y sont représentés.

— Le bilan dont vous parlez, concrètement, en quoi consiste-t-il?

— Dans sa formulation simplifiée, il consiste en une liste des problèmes rencontrés dans la société concernée ainsi qu'en une liste des solutions possibles à ces problèmes. On accorde un «poids relatif» à chacun des éléments pour faciliter l'utilisation de cette liste. Dans sa formulation complète, on élabore chacun des points, on explique comment on en est venu à repérer les problèmes en question et leurs solutions éventuelles, et on examine, dans la mesure du possible, les différents scénarios que produirait l'adoption de chacune des solutions. Quand le Conseil n'arrive pas à s'entendre sur certains éléments, cela est clairement signalé, sans plus.

— Encore une fois, c'est en pratique ce que font nos partis politiques.

— Peux-tu vraiment maintenir cela après la discussion que nous avons eue à propos de votre système politique?

— Où est l'originalité du vôtre?

— Pour l'essentiel, il limite considérablement les travers du vôtre. En effet, les partis politiques existent, chez nous aussi. Mais les programmes de ces partis doivent obligatoirement reposer sur le «diagnostic» du Grand Conseil, dans une proportion d'au moins soixante-quinze pour cent. Le Grand Conseil ne fait aucune recommandation. Il dresse un bilan des problèmes et examine les solutions possibles. Même s'il accorde un certain poids à chaque problème et à ses solutions, il ne tranche pas quant aux décisions à prendre. En effet, il arrive assez fréquemment que plusieurs problèmes et plusieurs solutions aient un même poids. La prise de décision est laissée aux partis politiques. Leurs programmes consistent essentiellement à établir des priorités et à se prononcer sur les moyens à prendre pour atteindre leurs objectifs.

— Pourquoi cette limite précise de soixante-quinze pour cent, dans le contenu des programmes?

— D'abord pour s'assurer qu'un parti ne sera pas élu à partir d'un slogan démagogique. Les vingt-cinq pour cent qui restent ont pour fonction de laisser une marge de maneuvre significative à chacun des partis, sans pour autant leur laisser la possibilité d'ignorer les problèmes réels de la société. J'ajoute qu'il n'est pas toujours possible de quantifier problèmes et solutions. Les proportions dont il s'agit sont des balises qui fournissent des ordres de grandeur dont on peut voir assez facilement si on s'en écarte sensiblement.

— Vous avez dit précédemment qu'il y avait une exception, quant à la durée des mandats. De quoi s'agit-il?

— Oui, c'est vrai. Quand un parti élu s'acquitte peu ou mal du mandat pour lequel il a été élu, il peut être dissous, et le Grand Conseil doit reprendre ses travaux le plus tôt possible, en vue des élections à venir.

— Quand cela se produit-il?

— Lorsqu'il devient évident, par exemple, que le gouvernement abuse de son pouvoir pour promouvoir des politiques pour lesquelles il n'a aucun mandat, ou encore lorsqu'il tarde vraiment trop à mettre en oeuvre les mesures mises de l'avant dans son programme électoral, alors la Cour suprême peut dissoudre ce gouvernement.

— C'est donner beaucoup de pouvoir politique à un organisme judiciaire! Si je comprends bien, la séparation des pouvoirs est très grande, chez vous…

— En cette matière, le rôle de la Cour suprême est lui-même balisé. Pour que la dissolution décrétée entre en force, il faut qu'elle soit sanctionnée par un référendum-éclair dans le mois qui suit son décret. D'ailleurs, ces référendums-éclairs sont très souvent utilisés pour sanctionner des décisions importantes concernant des politiques, même si ces politiques étaient clairement annoncées dans le programme du parti, lors de sa campagne électorale. Cela a pour but de s'assurer que sur un point précis important on a l'appui de la population. On a trop souvent observé, en effet, que des décisions importantes se prenaient, dans le passé, à l'encontre de l'appui des gens. Appuyer un parti, globalement, ne signifie pas qu'on l'appuie dans tout ce qu'il cherche à promouvoir... D'où le rôle des référendums-éclairs.

— A quelles pertes de temps, d'énergie et d'argent cela doit donner lieu!

— Pas du tout! Les mécanismes sont bien huilés. Lors de ces référendums, il n'y a pas à proprement parler de véritables campagnes, il y a seulement une brève période d'information, pendant une semaine ou deux, selon l'importance du point en litige et, ensuite, la sanction de la population.

— Qui décide s'il y aura un référendum?

— Ce peut être le gouvernement, ou l'opposition officielle, ou la Cour suprême.

— Il doit certainement y avoir des abus, surtout de la part de l'opposition...

— Il y en a eu, certes. Mais, avec le temps, ces abus sont devenus extrêmement rares. L'expérience nous a permis d'établir certains freins aux pratiques intempestives.

— Plusieurs questions me viennent à l'esprit...

— Voyons-les, une à une, de préférence...

— Le rôle de la Cour suprême est très important. Comment les juges qui la composent sont-ils nommés?

— Ils sont élus par l'ensemble de la population, comme les dirigeants politiques.

— Cela ne donne-t-il pas lieu aux vices que vous avez déjà dénoncés, notamment en ce qui concerne l'«image» des candidats?

— Pas vraiment, car c'est le pouvoir en place qui détermine quels sont les candidats éligibles, en vertu de leur compétence, de leur expérience. A cet égard, en effet, la population n'est pas toujours capable de juger si un candidat serait plus compétent qu'un autre.

— Que dites-vous? Vous mettez en cause le jugement de la population? N'est-ce pas là le fondement même de tout système démocratique que vous mettez en cause?

— Non. La démocratie est extrêmement importante, sans doute, mais elle n'est pas la meilleure forme de gouvernement à tous les points de vue. Elle excelle en ceci précisément qu'elle laisse le dernier mot à la population, relativement à des décisions importantes. Mais elle est bien pauvre quand il s'agit de prendre des décisions techniques que seuls des spécialistes peuvent comprendre. Dans le cas de la compétence de juges de la Cour suprême, les autorités en place sont mieux habilitées à discerner qui est éligible. Pour éviter l'arbitraire des nominations, pour éviter le népotisme et les récompenses «pour services rendus», là sans doute le jugement de la population est sain.

— Ne revient-on pas au hasard que vous dénonciez avec tant de virulence?

— En partie, peut-être... Ce que j'ose espérer, c'est que ce hasard est réduit par la procédure dont je parle.

— Mais s'il est vrai que la population en général ne peut discerner les degrés de compétence des juges de la Cour suprême, n'en est-il pas de même à l'égard des dirigeants politiques? Et pourquoi lui laisse-t-on le dernier mot dans le cas de la nomination des juges?

— Commençons par cette dernière question. Il est vrai qu'ultimement la nomination des juges est laissée à un certain arbitraire, celui du jugement de la population. Mais cet arbitraire est minime en ceci que de toute manière, on peut assez bien compter que les juges, quels qu'ils soient, seront compétents puisqu'il y a eu une pré-sélection en fonction de la compétence. L'arbitraire qui est réduit est celui du choix purement partisan ou, comme vous dites souvent, «pour services rendus», cette dernière expression étant entendue dans son sens le plus péjoratif. En cela, le rôle de l'Etat est considérablement réduit.

— Si je veux reprendre votre point de vue, à l'égard du hasard, je pourrais aussi bien dire que le rôle de la population ne vaut pas plus que celui du croupier qui tire au hasard les noms sélectionnés par l'Etat...

— A première vue, il semble en être ainsi. En réalité, il en va tout autrement. Car le jugement de la population ne porte pas sur la compétence des juges — quoiqu'en cela, elle ne serait probablement pas un mauvais juge si un candidat était particulièrement incompétent ou malhonnête! Ce que je soutiens, c'est qu'elle ne saurait pas discerner finement les degrés de compétence dans un domaine aussi spécialisé, c'est tout. Le point où je veux en venir est le suivant. Le jugement de la population est important, ultimement, en ceci qu'il porte sur les attitudes des candidats, et non sur leur compétence. En cela, la population est souvent extrêmement fine et subtile. Et c'est peut-être là la grande richesse de la démocratie : au bout du compte, elle laisse reposer le pouvoir politique sur le jugement et la sensibilité de tous, non pas seulement des plus riches, ou des plus brillants, ou des spécialistes. Elle a recours à tous, intelligents ou non, expérimentés ou non, informés ou non, honnêtes ou non, lucides ou non. Et elle a raison dans la mesure où tous — même les malhonnêtes et les égoïstes — ont un bon jugement et une sensibilité subtile quant à l'attitude fondamentale souhaitée chez un candidat.

— Vous êtes d'un optimisme — je n'ose dire d'une naïveté — incroyable!

— Peut-être... Ce que je pense, sans vouloir élaborer longuement de crainte d'être ennuyeux, c'est que tous ont ce qu'il faut pour reconnaître une attitude de respect véritable à leur égard...

— Diriez-vous la même chose en ce qui concerne les candidats purement politiques?

— Bien sûr! Tout autant que pour les juges de la Cour suprême, la population se prononce d'abord et avant tout sur l'attitude de respect à son égard soit de la part des candidats, soit de celle du parti.

— Le programme serait secondaire, d'après vous?

— Relativement secondaire, en effet. Il est extrêmement important, cependant, dans la mesure où il fournit des éléments qui manifestent — ou non — l'attitude de respect attendue. Il en est de même des faits et gestes des différents candidats. Cela est tellement vrai que le jugement que la population porte sur les «scandales» qui éclaboussent certains candidats donnent à réfléchir.

— Que voulez-vous dire?

— Simplement qu'à première vue il est étonnant de voir comment un candidat peut être démoli s'il fait l'objet d'un scandale même insignifiant, alors qu'un autre qui ferait l'objet d'un gros scandale peut voir la population passer l'éponge. Ce qui fait la différence, à mon avis, c'est l'attitude de respect qu'on discerne chez le candidat, en dépit de ses frasques.

— Mais cette subtilité de la population pour discerner l'attitude de respect à son égard ne fait-elle pas défaut, à l'occasion?

— Elle n'est pas infaillible, en effet. Mais elle est souvent masquée par le fait qu'à un moment donné cette attitude soit bel et bien présente chez un candidat ou chez un parti, mais que par la suite, et cela pour des raisons que nous ne sommes pas obligés de connaître, elle soit disparue. Je ne dis pas que cela est toujours le cas. Je dis seulement que cela est possible.

— Cette question de respect est sans doute sensée, mais est-elle suffisante, en politique? Il me semble qu'il faut parfois user de force d'une manière qui n'est pas toujours appréciée par ceux sur qui elle s'exerce...

— Une des fonctions importantes du pouvoir politique est d'assurer l'ordre social. Cela exige souvent le recours à la force, bien sûr. Et il est vrai que les dirigeants politiques seraient bien naïfs d'attendre que tous, notamment les grands criminels, soient d'accord avec cette force physique utilisée à leur égard.

— Pas seulement les grands criminels...

— Bien sûr que non. Je veux dire eux en particulier. Toutefois, la recherche d'ordre social, si on veut éviter qu'elle soit une manifestation de fascisme, doit être comprise non comme une fin en soi mais comme un moyen d'arriver à autre chose. En d'autres termes, l'ordre social ne doit pas être voulu pour lui-même. Chez nous, en tout cas, il est recherché comme une condition presque nécessaire au respect des personnes.

— Pourquoi «presque»?

— C'est qu'il arrive que dans des milieux restreints une joyeuse anarchie soit très saine... Ce n'est généralement pas le cas dans une société dans son ensemble.

— Pour comprendre comment vous conciliez le respect des personnes et l'utilisation de la force physique, expliquez-moi comment vos gouvernements maintiennent ce respect à l'égard des grands criminels. Je suppose, en effet, qu'on ne leur refuse pas tout respect...

— Certainement pas. Ils sont des humains, eux aussi. Cela me donnera l'occasion de préciser ce que nous entendons par «respect des personnes». L'organisation de la vie en société passe avant tout par le domaine de la politique. Il y a certes beaucoup de facteurs qui entrent en ligne de compte, dans cette organisation, mais c'est la fonction propre de la politique d'aménager cette organisation. Si l'élément central de cette organisation est qu'elle est effectuée en fonction du respect des personnes, on comprendra que les dirigeants politiques aient pour tâche de prévoir une réaction prompte et ferme à l'égard de ceux qui, par leur comportement, sapent cette organisation. Les premiers visés sont les grands criminels, en particulier ceux qui s'attaquent aux personnes elles-mêmes.

— Cette réaction implique donc l'utilisation de la force, si j'ai bien compris.

— Sans aucun doute. Comme chez vous, les crimes les plus graves, notamment ceux contre la personne, sont sévèrement punis.

— Par des peines d'emprisonnement?

— Entre autres peines, oui. Mais pas seulement par de telles peines...

— Des amendes, alors?

— Parfois, oui, des amendes. Mais, contrairement à votre société particulière, la nôtre n'a pas renoncé aux châtiments corporels.

— Vraiment? Chez nous, nous jugeons cela barbare...

— Il faut dire qu'à ce propos, nous avons eu de longs débats, et l'unanimité ne s'est jamais faite. D'ailleurs, tous les pays n'ont pas adopté les mêmes mesures. Certains réprouvent ces châtiments comme étant trop cruels, et appartenant à un autre âge. Dans mon pays, pour les criminels qu'on appelle endurcis, récidivistes, et qui constituent un danger pour les autres, ces châtiments vont jusqu'à la peine de mort.

— Nous, nous l'avons abolie précisément parce qu'elle était trop barbare et aussi parce que dans notre histoire judiciaire il y a eu des erreurs irréparables. Que voulez-vous, quand quelqu'un a été exécuté, il est bien difficile de réparer l'erreur commise à son égard...

— Sans doute. Mais est-ce vraiment beaucoup plus difficile que de réparer l'erreur judiciaire qui aurait entraîné pour un innocent une peine de vingt-cinq ans d'emprisonnement? Quelle réparation serait alors adéquate? De plus, il y a encore des sociétés, chez vous, qui exécutent de grands criminels. Il n'y a pas si longtemps, dans une des sociétés que vous considérez comme une des plus civilisées, plus de deux cents délits étaient punis de la peine de mort. Et actuellement, encore, on n'hésite pas tellement à infliger des sanctions physiques extrêmement sévères pour des larcins relativement mineurs, ou pour des crimes qui sont sans commune mesure avec les châtiments...

— Ça, ça n'arrive pas dans mon pays, en tout cas.

— Je sais bien. Mais ce qui arrive dans ton pays, c'est qu'on n'hésite pas trop à donner des peines d'emprisonnement relativement légères à de grands criminels.

— A quels exemples pensez-vous?

— Chez vous, on a vu des gens violer de jeunes enfants, tuer des policiers, et s'en tirer avec des peines plutôt légères.

— Notre système judiciaire est modéré. Il prend en compte que même les criminels sont des êtres humains.

— Les victimes n'en sont-elles pas, aussi?

— Sans doute.

— Mais, au nom de quoi arrivez-vous à privilégier les criminels et non les victimes?

— D'abord, cela est faux. Ensuite, il y a des cas où les criminels ne sont pas totalement responsables de leurs méfaits. La peine doit être proportionnelle à leur degré de responsabilité. N'êtes-vous pas d'accord?

— Oui. Mais les gens doivent quand même être protégés, même des criminels qui ne sont pas complètement responsables de leurs méfaits.

— Mais il faut une certaine retenue dans les sanctions à leur égard.

— Une certaine retenue, oui, mais non un laxisme irresponsable.

— Où est la limite?

— Je sais bien que cette question est difficile. Remarque que personnellement, je ne sais que penser à propos de la peine de mort. Je t'informe seulement que chez nous, dans mon pays — pas dans tous les autres — on a conservé la peine de mort pour des cas particulièrement graves.

— Vous avez des exemples?

— Oui. Je me limiterai à trois. Un individu qui viole et tue de jeunes enfants, qui est pris et condamné sans équivoque, qui est traité par des psychologues et des psychiatres, qui est relâché au bout de quelques années, et qui récidive, celui-là on l'exécute. Le gros trafiquant de drogue qui n'hésite pas à tuer, à induire par des moyens sordides de jeunes écoliers à consommer des drogues dures, celui-là, on l'exécute. Les terroristes qui n'hésitent pas à faire exploser des bombes dans des endroits bondés d'innocents, ceux-là, on les exécute.

— Ces cas sont graves, en effet. Mais quel genre de sanctions prévoyez-vous pour un meurtre passionnel? Pour un décès causé par quelqu'un qui aurait conduit sa voiture alors qu'il était ivre?

— Il n'y a certainement pas de peine de mort, dans ces cas, même s'ils sont graves. La peine de mort est réservée aux pires cas, dont j'ai donné quelques exemples. Il serait très long de passer en revue tout notre code pénal, et d'ailleurs, je suis loin de le connaître parfaitement. Je peux cependant ajouter que nous avons prévu des châtiments corporels moins sévères que la peine de mort pour des crimes graves.

— Des exemples?

— En voici deux. Les cas de viols dont l'évidence est absolument indiscutable, de même que les attaques physiques graves à l'égard des personnes âgées et des enfants, ces crimes sont punis de la bastonnade et de l'emprisonnement.

— La bastonnade? Quels barbares vous êtes!...

— Encore là, je ne dis pas que je suis personnellement d'accord avec ce châtiment. Je dis seulement que dans mon pays, c'est la peine prévue. En ce qui me concerne, je ne sais pas trop quoi penser à ce sujet, car, d'une part, il est vrai que c'est cruel, et que même les criminels doivent avoir, comme humains, de la considération. Mais d'autre part, si cette considération à leur égard prive des innocents du respect de leur intégrité, de leur personne, il y a un dilemme. Et je ne trouve pas insensé que dans mon pays on ait opté pour des mesures efficaces pour préserver les innocents.

— Ces mesures sont-elles vraiment efficaces?

— Certainement davantage que le seul emprisonnement. Sans être cynique, je puis dire que nous avons observé un taux de récidive de cinq pour cent, seulement. La bastonnade nous permet ainsi d'alléger considérablement les peines d'emprisonnement. Elle est efficace pour protéger les innocents, et elle ne brise pas à tout jamais la vie de ces criminels réhabilitables. En cela, nous voyons un certain moyen — sévère, il est vrai — de manifester de la considération à l'égard de quelqu'un qui peut se ressaisir et, ne serait-ce que par la dissuasion d'un nouveau châtiment, l'induire à modifier son attitude vis-à-vis des autres.

— Est-ce vraiment si efficace?

— Oui, ça l'est. Et c'est d'ailleurs compréhensible. Ne réussit-on pas à dompter même des fauves?

— Vous avez une haute considération pour les criminels!...

— Certains sont-ils mieux, parfois, que les fauves? De plus, on peut ne pas hésiter à tuer un fauve dangereux. Dans le cas des criminels, il est souvent possible, sans les blesser gravement et sans les emprisonner pendant des dizaines d'années, de les rendre à une vie plus ordonnée ou en tout cas à un état qui ne fait pas courir de dangers aux autres. Combien de criminels le sont par étourderie, par légèreté! Ceux-là sont habituellement récupérables, sans qu'on les condamne à de longues peines d'emprisonnement qui ont très souvent pour effet de les endurcir dans leur attitude de révoltés, de délinquants, de tueurs.

— Comment comprendre que vous ayez quand même un respect à leur égard?

— La principale chose à dire est que les mesures sévères adoptées dans notre pays n'ont pas pour fin de nous venger des criminels. Elles ont pour intention d'allier le plus possible la protection de tous, en particulier des innocents, et la possibilité de réhabilitation des criminels.

— Vous ne parlez sans doute que des châtiments autres que la peine de mort.

— C'est cela. La peine de mort n'est en fait qu'un pis-aller. C'est la reconnaissance que l'on ne sait rien faire de mieux à l'égard du dilemme dont j'ai parlé précédemment. Et l'urgence de protéger les innocents exige parfois, malheureusement, le recours à la peine de mort. Il ne s'agit pas là d'une vengeance, mais bien, parfois, du seul moyen de ne pas abandonner à leur triste sort des personnes particulièrement vulnérables.

— Tout cela est bien macabre!... N'avez-vous pas d'autres moyens de favoriser le respect des personnes?

— Certainement. Tu m'avais demandé comment nos gouvernements arrivaient à concilier l'utilisation de la force avec le respect à l'égard des criminels... Un dernier mot à ce propos. Dans différents pays, l'application des châtiments corporels peut varier. Par exemple, je connais un pays où la bastonnade est volontaire.

— Comment? Vous n'allez tout de même pas me dire que les foules accourent pour recevoir la bastonnade!

— Bien sûr que non. Mais dans le pays en question, on laisse à certains criminels la possibilité de recevoir la bastonnade et ainsi de réduire sensiblement leur peine de prison. Certains y consentent, d'autres pas.

— Assez! Et ces autres moyens de promouvoir le respect des personnes?

— Ce serait assez long de les passer tous en revue. Je vais m'attarder à l'un d'eux, que nous jugeons particulièrement important.

— Il n'est pas lugubre, celui-là?

— Non, non, rassure-toi. La protection des gens vis-à-vis des criminels et aussi des potentiels ennemis de l'extérieur — je n'aborderai pas ce sujet important — exige le recours à la force. On peut qualifier de négatif ce moyen d'instaurer l'ordre, et par là le respect des personnes. L'autre moyen dont je veux t'entretenir est un moyen positif. Il s'agit d'un service obligatoire...

— Pas d'un service militaire, tout de même!...

— Oui et non. Il s'agit d'un service que nous appelons «service social» qui prend différentes formes. Pour les uns, ce sera un service militaire comme il en existe dans certains de vos pays, mais pour la plupart, il s'agit d'un service à la société d'une toute autre nature.

— Et vous avez dit qu'il était obligatoire?

— Oui. Le but en est double, à la fois économique, et aussi éducatif.

— Expliquez-vous.

— L'esprit qui anime ce service social est le suivant : comme la société donne beaucoup à chacun, il n'est que juste que chacun, selon ses capacités, y apporte son concours. Economiquement, les ressources de la société ne sont pas illimitées, ce qui entraîne parfois des choix pénibles pour les dirigeants, surtout dans des périodes où l'économie va mal. Le service social obligatoire vient alléger en partie ce problème. D'autre part, il est un moyen d'amener les jeunes à se rendre compte qu'ils peuvent contribuer de multiples manières à l'entraide sociale. L'espoir est que ce service aura joué un rôle de sensibilisation à l'égard des autres, en particulier à l'égard de ceux qui ont le plus besoin d'aide. C'est une manière d'instiller, pour ainsi dire, le respect des autres, dans sa dimension positive. Par ailleurs, comme on le verra, cela permet aux jeunes de prendre parfois de l'expérience dans un futur métier; ce qui, dans bien des cas, est fort apprécié de leur part.

— Avant d'en décrire les diverses modalités, quelles en sont les caractéristiques communes?

— Voilà. Il s'agit d'une période d'un an, généralement à la fin des études secondaires ou collégiales — il y a une certaine souplesse, à cet égard — pendant laquelle les jeunes, garçons et filles, sont pris en charge par l'Etat, comme dans le cas bien connu du service militaire, pour accomplir des tâches utiles à la société. Certains reçoivent une formation militaire. C'est la minorité. D'autres assurent une multitude de tâches désignées par l'Etat, à partir des priorités que le parti politique au pouvoir s'est données lors de la campagne électorale qui l'a porté au pouvoir. Je rappelle que ces priorités sont, pour l'essentiel, déterminées à partir des travaux du Grand Conseil dont nous avons déjà parlé.

— Sont-ils logés, nourris, payés par l'Etat?

— Dans beaucoup de cas, ils sont logés et nourris. Mais il arrive assez souvent que les jeunes puissent demeurer chez leurs parents, si les tâches auxquelles ils sont assignés n'exigent pas de déplacement à l'extérieur de leur ville ou de leur village. Quant au salaire, il est comparable à ce que l'on observe dans certains de vos pays pour ceux qui font leur service militaire.

— Pouvez-vous me donner une idée de ces «tâches utiles à la société»…

— D'abord, il y a, comme je viens de le dire, le service militaire pour un certain nombre de jeunes. Il va sans dire que la constitution d'une armée est essentielle, dans une société. L'importance de cette armée varie, bien sûr, en fonction d'une multitude de circonstances mais, au départ, chaque pays tient à avoir sa propre armée, aussi réduite soit-elle. De plus, le service social peut avoir pour fonction de tenter de réhabiliter de jeunes délinquants. Très souvent, en effet, les jeunes adolescents délinquants n'ont besoin, pour se ressaisir, que d'un encadrement ferme et d'un contexte dans lequel ils se sentent utiles à quelque chose. Le service social leur offre donc une possibilité de réhabilitation.

— Pensez-vous vraiment qu'un an peut suffire à réhabiliter des délinquants?

— Dans beaucoup de cas, c'est en effet suffisant. D'ailleurs, le temps suffit parfois, à lui seul, à rendre les jeunes un peu plus sociables... Dans les cas plus graves de délinquance, il arrive que le service social soit prolongé d'un an. Toutefois, il n'excède jamais deux ans.

— Ce service social doit être détesté.

— Par certains, c'est le cas, en effet. Mais généralement, il est assez bien vu, car on conçoit bien que les tâches à accomplir sont utiles.

— Pouvez-vous me donner rapidement plusieurs exemples de ces tâches?

— Oui. Encore une fois, elles sont décrites à partir des besoins identifiés par le Grand Conseil. Certains jeunes sont constitués en groupes qui assurent une présence utile auprès des personnes âgées. Quand elles demeurent chez elles plutôt qu'en institution, elles ont souvent besoin d'aide pour de menues tâches comme le ménage, les courses à l'épicerie ou au bureau de poste, par exemple. Très souvent, aussi, il suffit pour ces gens d'avoir régulièrement la présence de jeunes pendant quelques heures par semaine pour que leur vie soit ensoleillée. En institution, les besoins sont moins nombreux, mais il en subsiste un certain nombre. Ces équipes de jeunes jouent alors, et à peu de frais, un rôle parfois extrêmement important pour les personnes âgées, qui trop souvent se sentent délaissées, abandonnées. C'est un peu comme si on leur redonnait une famille. Dans bien des cas, des amitiés très saines et très profondes sont nouées entre jeunes et personnes âgées. D'une part, la solitude de ces denières est rompue, d'autre part certains jeunes sont plus facilement ouverts aux conseils et à l'expérience de personnes âgées qui ne sont pas de leur famille immédiate...

— Chez nous, cette assistance aux personnes âgées est en bonne partie assurée par des organismes bénévoles.

— Ce que font les jeunes ne prétend pas remplacer les bénévoles, mais plutôt combler un vide repéré par le Grand Conseil. D'ailleurs, les bénévoles seront toujours nécessaires. A ce propos, il est assez triste de constater que dans votre société beaucoup de gens seraient disponibles et disposés à rendre service aux personnes âgées. Mais ils ne savent pas toujours à qui s'adresser pour repérer les gens qui auraient besoin d'aide et de présence. La structure mise en place pour répartir les brigades de jeunes permet aussi à d'autres de jouer un rôle social utile qu'il leur serait autrement difficile d'assumer.

— Il n'y a pas que les personnes âgées, même si elles sont très importantes... Il y a aussi les malades, dans les hôpitaux, notamment les malades chroniques, et aussi les prisonniers, dont certains ne demanderaient pas mieux que de recevoir des visites même de parfaits inconnus, pourvu qu'ils aient suffisamment d'ouverture pour les comprendre un peu et sympathiser avec eux.

— Il y a aussi des brigades de jeunes consacrées à ces tâches. On voit par là que certaines de ces tâches sont assez délicates, et exigent un certain tact. C'est pourquoi, même si le service social est obligatoire, certaines brigades sont constituées sur une base volontaire. C'est-à-dire que les jeunes, un peu avant de commencer leur service, sont appelés à donner leurs préférences, à partir d'une liste de domaines d'activité. C'est l'Etat, par la suite, qui décide de la répartition des candidats.

— Et tout cela fonctionne bien?

— Il y a certes des mécontents, à l'occasion, mais le tout se déroule en général très bien. Il est même arrivé que certains jeunes demandent de prolonger d'un an leur service, ce que nous leur accordons volontiers.

— Pouvez-vous me donner d'autres exemples?

— Certains jeunes sont affectés à la construction de domiciles pour personnes âgées, d'autres à la construction ou à la réparation de maisons de pauvres qui n'ont pas les ressources suffisantes pour en assumer les coûts. D'autres contribuent aux récoltes, chez certains agriculteurs, d'autres assument des travaux dans les parcs publics. Bref, la liste des tâches est interminable.

— Mais tout cela ne vient-il pas fausser les mécanismes normaux de l'économie? Par exemple, que penser des ouvriers qui voient s'envoler un certain nombre de contrats éventuels?

— Nous avons eu des discussions à ce sujet, mais les problèmes rencontrés n'ont jamais été majeurs. Il faut dire qu'il s'agit toujours de tâches qui viennent combler des besoins repérés par le Grand Conseil. C'est donc dire que les «mécanismes normaux» de l'économie n'avaient pas suffisamment réussi à les combler... Mais nous reviendrons plus tard sur les questions plus spécifiquement économiques. Pour l'instant, j'essaie seulement de tracer à grands traits un panorama qui donne une idée de notre organisation sociale, à partir de nos institutions politiques.

— Même si j'ai hâte que nous abordions les questions économiques, ne pourriez-vous pas donner d'autres exemples qui montrent comment votre organisation sociale est fondamentalement centrée sur le respect des personnes?

— Les exemples possibles sont extrêmement nombreux. Jusqu'ici, j'ai essayé de montrer brièvement comment notre système politique, sans être parfait, découlait de ce principe. J'ai par la suite mis l'accent sur le service social qui constitue un moyen privilégié de favoriser le respect des personnes. Il faut bien dire, ici, qu'il n'est pas vraiment possible d'institutionnaliser ce respect. Une attitude, ça ne s'institutionnalise pas. Le mieux que l'on puisse faire avec les institutions, c'est d'en faire des véhicules propices à l'attitude que l'on veut favoriser.

— A titre d'illustration supplémentaire, comment vos institutions facilitent-elles le respect des personnes, dans le cadre familial?

— Je me limiterai à deux considérations : le taux de natalité et le respect de l'autorité. La première chose à dire est que dans notre société, nous avons adopté des mesures à l'égard de la natalité qui font en sorte que les couples ne soient pas acculés pour des raisons économiques à renoncer à avoir des enfants. Ces mesures sont avant tout d'ordre économique, mais elles ont pour but de manifester de la considération à l'égard des parents qui prennent une part combien importante à la relève, dans la société. Ces mesures sont avant tout économiques, mais elles supposent que les dirigeants manifestent un respect réel aux parents, car toutes économiques qu'elles soient, elles exigent de l'ingéniosité pour comprendre à propos de quoi et comment les parents ont parfois besoin d'être appuyés par la société. La mise sur pied d'un réseau adéquat de garderies et l'aménagement de camps de vacances pour les familles les plus démunies illustreraient assez bien comment des mesures comportant une dimension économique importante ne se réduisent pas à cette seule dimension : elles supposent un souci concret de venir en aide aux parents qui en ont particulièrement besoin.

— Et l'autorité, que vient-elle faire, dans ce contexte?

— Pour qu'il règne un certain ordre, il faut que quelqu'un soit responsable de cet ordre. Qu'il s'agisse des dirigeants politiques, dans le contexte de la société dans son ensemble, des parents, dans le contexte familial, des professeurs, dans le contexte des institutions d'enseignement, des «cadres», dans le contexte administratif des entreprises ou des institutions publiques, les rapports d'autorité sont au coeur du tissu social. En cela, ils sont cruciaux, pour la santé de la société. A cet égard, chaque fois que cela est possible, nous tentons d'être extrêmement attentifs dans la nomination des personnes en poste d'autorité. En clair, cela veut dire que chaque fois que cela est possible, nous explicitons le fait que l'attitude de respect des personnes est un critère de compétence pour accéder à un poste d'autorité.

— Cela est difficilement mesurable...

— Sans doute. Mais le simple fait d'avoir ce critère en tête joue son rôle. Il rend davantage soucieux de tenir compte de ce facteur.

— Je vois mal comment cela peut jouer un rôle dans le cas des parents...

— Peut-être. Toutefois, cette attitude est prise en compte dans le cas de l'adoption d'enfants. Si plusieurs candidats aspirent à l'adoption d'enfants, toutes choses étant égales par ailleurs, la priorité sera accordée à ceux chez qui l'attitude de respect sera la plus manifeste.

— Qu'en est-il des rapports entre les pays? Y a-t-il un super-gouvernement qui joue le même rôle entre les pays que celui du gouvernement national entre les individus?

—Pas vraiment. Mais, ce qu'on observe, c'est que la logique de l'entraide, à l'intérieur des pays, tend à se déployer entre les pays. Certains pays, parmi les plus riches, trouvent souhaitable d'aider les pays les plus pauvres, au moins pour combler leurs besoins les plus fondamentaux. Mais cela se fait assez spontanément.

— N'est-ce pas de l'angélisme?

— Certains ont cru cela, au départ. Mais à l'expérience, on a constaté que l'entraide et l'attitude de respect étaient «contagieuses» et tendaient spontanément à se répandre. A cela, il faut ajouter qu'ils sont nombreux ceux qui ont compris qu'il est dans leur intérêt d'aider les plus démunis, ne serait-ce que pour éviter l'«effet boomerang» des écarts trop grands dans les ressources, qui est l'aspect négatif de ce que nous appelons plus généralement la «loi de la réciprocité». Cette loi veut que les autres aient vis-à-vis de nous la même attitude que nous avons à leur égard. Si nous leur manquons de respect, cela provoque de quelque manière un «effet boomerang» qui se manifeste de mille et une façons, dont la criminalité et l'effet parfois pervers de l'immigration massive, dans la mesure où cette immigration est causée par le mépris des pays riches à l'égard des pays pauvres. Au contraire, l'entraide et le respect entre les pays a pour résultat, entre autres choses, que les gens préfèrent demeurer dans leur propre pays, au milieu des leurs, et qu'ils n'ont plus à chercher désespérément dans les pays plus fortunés un avenir plus prometteur. De plus les relations entre ces pays sont beaucoup plus saines.

— Nous en venons immanquablement à l'économie...

— Tout ne dépend pas de l'économie. Mais elle est importante dans la mesure où elle est souvent le véhicule des attitudes humaines. Venons-en à ce domaine.

L'ÉCONOMIE II

— Comment votre économie est-elle différente de la nôtre? Car, il y a certaines constantes de l'économie que l'on ne peut ignorer sans que celle-ci ne s'effondre. L'histoire en témoigne.

— Quelles constantes?

— Je pense notamment au fait que la motivation, dans la production, vient en grande partie, sinon exclusivement, de la volonté d'améliorer son propre sort matériel, sa richesse. Je pense aussi à la loi de l'offre et de la demande qui est incontournable. Voilà deux exemples, parmi d'autres.

— Nous sommes conscients de l'importance de ces constantes, mais elles ont leurs limites. Le besoin de richesse peut fort bien s'expliquer, quand il s'agit d'avoir ce qu'il faut pour vivre décemment. Ce qui est plus difficile à expliquer et surtout à accepter, dans la vie sociale, c'est qu'une soif effrénée de richesse — comme d'ailleurs la soif effrénée de pouvoir — déborde ces besoins et cela, au détriment des autres.

— Les humains sont faits comme cela. Ils ont des passions qui les mènent, parfois, contre leur gré.

— Sans doute. Mais, n'y a-t-il pas moyen, parfois aussi, d'utiliser ces passions, de les détourner, pour ainsi dire, dans des directions plus souhaitables, plutôt que de leur laisser suivre un cours guidé par le hasard? Ainsi, nous, nous voyons dans la soif de pouvoir et dans la soif effrénée de richesse une volonté de reconnaissance et de valorisation de soi. De là, il est raisonnable de penser que si chacun reçoit au moins un minimum de considération, il sera moins habité par cette soif effrénée et cette volonté de s'enrichir pourra plus facilement être associée à la volonté d'aider les autres qui en ont besoin. De cette manière, l'importance accordée aux constantes humaines, comme tu les appelles, est déviée en partie au profit d'autre chose, à savoir, la satisfaction des besoins des gens.

— Certains chez nous ont voulu faire de la satisfaction des besoins une priorité absolue. Et l'économie qui en a découlé était artificielle. Elle a donné lieu à des injustices notoires, à une domination écrasante, de sorte qu'à la longue tout s'est écroulé comme il se devait, car cela ne pouvait durer indéfiniment.

— Oui, je sais. Chez nous aussi, nous avons tenté de mettre l'accent sur la satisfaction des besoins, et cela a aussi entraîné des bouleversements que plus personne ne veut revoir. Par contre, nous maintenons le cap sur cette visée de l'économie dans la mesure où elle est une manifestation de notre souci pour les personnes. C'est dire que l'économie, chez nous, n'est pas une locomotive lancée à toute vapeur, qui suit son cours selon ses propres lois, sans ingénieur qui la dirige. Et cette direction, c'est la considération que l'on a pour les personnes, pour toutes les personnes, et non pas pour l'économie elle-même. Chez nous, il ne suffit pas que l'économie soit en croissance pour que l'on pense que tout va bien.

— Concrètement, comment arrivez-vous à aménager une telle économie?

— Notre priorité est la suivante. Nous voulons que tous puissent combler au moins minimalement leurs besoins les plus fondamentaux.

— Jusque-là, ce n'est pas très différent du discours officiel de certaines sociétés de chez nous…

— Oui, je sais. Celles que vous appelez «socialistes». Mais ne nous égarons pas avec des termes chargés de fanatisme tantôt en faveur, tantôt à l'encontre du socialisme.

— Il faut bien employer des termes pour s'expliquer!

— «Satisfaire au moins minimalement nos besoins les plus essentiels», voilà ce que cela signifie pour nous. Selon notre idéal, dans l'ordre économique, tous devraient pouvoir se loger décemment, se nourrir suffisamment, avoir accès à des soins de santé et à une éducation de qualité. Ces besoins ne sont pas les seuls. Mais dans l'ordre économique, voilà ce qui est prioritaire.

— C'est à la fois beaucoup et peu. Cela, en effet, exige une économie fort saine. D'autre part, c'est négliger des dimensions sociales très importantes. Par exemple, quelle place occupent les arts dans votre société?

— Les arts? Il faudrait en parler longuement, en effet, mais nous nous écarterions trop de notre sujet si nous abordions maintenant ce domaine.

— D'accord. Décrivez-moi alors comment vous arrivez à poursuivre votre objectif purement économique.

— Avant de dire comment nous poursuivons cet objectif, je veux d'abord le préciser. Se loger décemment, pour nous, cela veut dire que peu importe le mérite de chacun, sa condition sociale, sa santé, il doit avoir un logement convenable, c'est-à-dire suffisamment grand, éclairé, chauffé, solide et relativement joli.

— C'est déjà énorme! J'imagine le succès qu'aurait un gouvernement qui réaliserait une telle chose chez nous!... Personne n'ose poursuivre un tel objectif, tellement il exigerait de ressources!

— Comment cela? Même chez vous, vous avez suffisamment de ressources pour atteindre cet objectif. Regarde simplement les maisons et les édifices que vous avez maintenant : ils dépassent largement ce que nous nous appelons un logement minimal décent. Beaucoup d'entre vous vivez dans des logements très luxueux, et parfois inutilement luxueux, et ce, même aux yeux de leurs propres propriétaires!

— Et la nourriture?

— C'est la même chose. Vous avez plus que le nécessaire pour tous. Mais la distribution de cette nourriture est telle que certains en manquent alors que beaucoup d'autres en jettent, tellement ils sont rassasiés, pour ne pas employer d'autres termes.

— Et la santé? Et l'éducation?

— A ces sujets, je tiendrais le même genre de discours. Mais, à propos de de ces domaines, gardons nos considérations pour une autre fois. Je veux simplement préciser, pour l'immédiat, que cet objectif essaie de concilier deux choses. La première, c'est que le respect des personnes commence par assurer à ces personnes au moins le minimum vital. Et cela, nous y tenons mordicus. De plus, nous sommes fort conscients que sans l'espoir de l'enrichissement, le nerf de l'économie s'atrophie. On ne peut amender la nature des gens par la législation... Cela aussi nous l'avons compris. De sorte que nous voulons préserver ce que vous appelez la «propriété privée», mais une fois assurée la satisfaction des besoins fondamentaux.

— Cela, bien des rêveurs y ont songé. Mais ça n'a jamais marché, sauf temporairement, et au prix d'une chape de plomb qui écrasait la très grande majorité de la population. La raison fondamentale me semble assez claire. C'est que dans la mesure où l'Etat se charge de combler les besoins de quelqu'un, celui-ci développe rapidement une dépendance fatale pour l'économie. Lorsque quelqu'un lutte pour sa survie, c'est là qu'il est le plus ingénieux, c'est là qu'il va chercher en lui ses meilleures ressources.

— Sans doute. Mais cette logique a ses limites que vous-mêmes reconnaîtriez, pour peu qu'on en fasse ressortir le ridicule dans certaines circonstances.

— Pensez-vous à des exemples précis?

— En voilà un, fort simple. Dans la préparation des athlètes pour les compétitions olympiques, comme vous les appelez, avez-vous pensé à appliquer la même idée?

— Que voulez-vous dire?

— Si on veut aller chercher le meilleur d'un athlète, pourquoi ne pas avoir recours à votre logique et le mettre dans une situation où il aura à lutter pour sa survie? Il suffirait, par exemple, que dans la sélection des meilleurs coureurs on ne garde, d'un nombre donné, que les meilleurs...

— C'est déjà ce que l'on fait.

— Oui, mais si on précisait que ceux qui sont dans la moitié la moins performante seront exécutés, il est probable que les performances de tous seraient améliorées. Et l'on pourrait, d'élimination en élimination, réduire le nombre de coureurs à une élite particulièrement motivée et efficace! On pourrait faire la même chose dans tous les sports...

— Vous êtes parfois d'un cynisme!... Et puis, les candidats se feraient rares. Qui oserait mettre sa vie en jeu pour une médaille?

— N'y a-t-il pas déjà une foule de candidats, chez vous, qui mettent déjà leur vie en jeu pour une simple médaille, et cela, dans le domaine de l'athlétisme comme dans bien d'autres domaines? Et pour ce que qui est du cynisme, il ne fait que refléter le vôtre. Je veux simplement faire ressortir le ridicule de l'idée selon laquelle si quelqu'un ne lutte pas pour sa propre survie il perd toute motivation. Je dis que cela a des limites. De plus, soutenir que le fait que l'Etat comble les besoins de quelqu'un entraîne inévitablement une dépendance, cela aussi a ses limites. Par exemple, il serait ridicule de penser que la sécurité physique de chacun, soit dans le contexte d'une invasion par une puissance étrangère soit dans le contexte de la sécurité routière, serait mieux assurée par chacun, individuellement, et préserverait de toute dépendance vis-à-vis de l'Etat.

— Il s'agit là de caricatures!...

— Sans doute. Mais elles font ressortir l'importance de la mesure, dans les idées énoncées. Chez nous, dans le domaine de l'économie, nous essayons d'allier deux choses qui nous semblent fondamentales. D'une part la satisfaction des besoins fondamentaux de chacun, et d'autre part, la participation de chacun, dans la mesure de ses capacités, à la production de la richesse nécessaire à la satisfaction de ces besoins.

— Je ne répéterai jamais assez que certaines sociétés ont tenté cela, et que ce fut un échec retentissant, tant en termes de vies humaines sacrifiées, de souffrances inutiles, qu'en termes purement économiques, c'est-à-dire de production des biens nécessaires à la subsistance...

— Ce qu'on a fait, en réalité, c'est de tout miser sur la satisfaction des besoins. On a sacrifié les individus et les personnes au profit d'un idéal désincarné qui ne camouflait souvent qu'une lutte sans merci pour le pouvoir et la domination. C'est cela qui a été fatal...

— Décrivez-moi comment cela fonctionne, chez vous.

— Je vais me limiter surtout au logement et à la nourriture. Quant à la santé et à l'éducation, j'y reviendrai plus longuement, comme je viens de le dire.

— D'accord!

— Au départ, il faut que je parle d'un instrument indispensable à la saine gestion de nos ressources. Il s'agit d'une carte d'identité dotée de multiples puces informatiques qui fournissent aux dispensateurs officiels de services les informations nécessaires quant aux services qu'ils sont autorisés à fournir.

— Une carte d'identité? Mais n'est-ce pas là le premier instrument d'un Etat policier?

— Je sais votre réticence à cet égard. Mais je dois ajouter qu'elle nous apparaît bien naïve, à moi et à mes semblables. D'autant plus que vous avez déjà plusieurs cartes d'identité concernant les soins de santé, le travail, les permis de conduire. Quand vous voyagez à l'étranger, vous avez des passeports...

— Il s'agit de cartes d'identité dont le domaine est très limité. Les données qu'elles permettent d'avoir sont par conséquent confinées à des domaines très particuliers, et ainsi la confidentialité de ces renseignements est généralement bien conservée.

— L'informatique est pourtant suffisamment développée, chez vous aussi, pour coder les informations par secteurs, de telle sorte que les fonctionnaires autorisés à les utiliser demeurent, en principe — et en pratique aussi — les seuls qui puissent le faire. Bien sûr, on ne peut jamais être parfaitement à l'abri de la malhonnêteté éventuelle d'un fonctionnaire qui occupe un poste névralgique quant à la confidentialité des renseignements personnels, mais cela est déjà le cas de toute manière. Par ailleurs, notre gouvernement interdit formellement l'utilisation de ces renseignements à d'autres fins que celles auxquelles elles sont destinées. Les contrevenants sont passibles de lourdes peines. Il n'y a donc pas lieu de craindre plus que chez vous une intervention excessive de l'Etat ou d'autres organismes dans la vie privée des gens.

— Il ne s'agit tout de même pas de cartes d'identité pour les seuls démunis de la société, n'est-ce pas?

— Non, non. Tous les citoyens en ont une. Et elle est très utile, dans bien des domaines, d'abord pour contrôler la quantité et le genre de services dispensés, et aussi dans d'autres contextes comme la conduite de véhicules motorisés, la confection de listes électorales et ainsi de suite.

— Voulez-vous dire que vous n'avez pas de permis de conduire distinct?

— C'est cela. La carte d'identité comporte plusieurs puces, dont une réservée aux renseignements relatifs à la conduite des véhicules motorisés. On y retrouve notamment, en plus des coordonnées personnelles, la description des handicaps susceptibles d'affecter la conduite de véhicules et l'histoire des infractions au code routier, ce qui est parfois bien utile aux juges, dans le cas de récidives sérieuses.

— Revenons aux besoins essentiels, si vous le voulez bien.

— Oui. Considérons le logement. Chez nous, tous ont droit à un logement décent. Je rappelle tout de suite que notre organisation sociale ne comporte pas uniquement des droits… Et ce droit n'est pas que théorique, les gens ont effectivement un tel logement. S'il arrive que ce ne soit pas le cas, pour quelque raison, des mesures efficaces sont prévues pour corriger la situation.

— J'imagine sans peine la complexité monstre de ces mesures!…

— Mais non! Pour fin de comparaison, considérons simplement votre société, en regard de la nôtre. Dans la vôtre, quelle proportion de gens, actuellement, est privée d'un logement qu'on pourrait qualifier de décent?

— D'abord, cela dépend de ce que l'on entend par logement «décent»…

— De grâce, ne nous paralysons pas avec ces détails. Ils sont importants, sans doute, et nous avons nous-mêmes prévu un mécanisme pour les évaluer. Mais essayons, entre nous, d'éviter les discussions trop techniques qui rendraient nos échanges interminables. A moins, bien sûr, que cela ne soit indispensable.

— D'accord. En fait, je ne saurais pas répondre exactement à votre question. Je sais seulement qu'il y en a beaucoup. Comme proportion, cependant, je crois pouvoir dire qu'il s'agit d'un pourcentage relativement restreint de la population. Un certain nombre de gens ont des résidences très luxueuses. Une très grande proportion, sans voguer dans le grand luxe, ont un logement fort décent.

— Tu vois donc comment le fait d'assumer les coûts et la gestion des logements pour les plus démunis n'est pas nécessairement de nature à bouleverser toute l'économie d'une société relativement prospère.

— S'il n'y avait que le logement, il n'y aurait pas de problème majeur, en effet. Mais la somme de tous les services peut représenter des coûts prohibitifs.

— Nous y viendrons. Pour l'instant, on peut affirmer que la proportion des gens qui, au départ, n'ont pas un logement décent, est relativement restreinte. Voilà un point. Pour eux, notre gouvernement a prévu plusieurs mesures très variées, mais relativement simples. Sans entrer dans les moindres détails, ces mesures sont variées dans les degrés d'intervention de l'Etat, mais simples en regard de ce qui les inspire.

— Que voulez-vous dire?

— Comme je l'ai souvent dit, le premier point est le souci des personnes qui nous amène à assurer à chacun un logement décent. Aux plus démunis, on fournit gratuitement, s'il le faut, un logement, à partir d'une banque de logements prévus à cet effet. D'autres se voient accorder un logement à prix réduit. En clair, ils reçoivent une subvention au logement qu'ils sont libres d'utiliser pour combler une partie du coût d'une propriété relativement peu dispendieuse qu'ils améliorent eux-mêmes par la suite, ou bien pour occuper un logement qui appartient à l'Etat. On peut tout de suite imaginer comment la proportion assumée par l'Etat peut varier considérablement en fonction d'un certain nombre de facteurs quantifiables.

— Je n'ai pas de difficulté à imaginer ce dernier point. Ce qui me fait problème, ce sont surtout les trois questions suivantes. D'abord, comment ne pas voir là un Etat qui crée et entretient la dépendance des bénéficiaires? Ensuite, comment faire en sorte que les coûts de ce service du logement ne soient pas très considérables? Enfin, comment harmoniser cette intervention de l'Etat avec une économie avant tout axée sur la libre entreprise et la loi de l'offre et de la demande?

— Commençons par les deux derniers points. D'abord, je le répète, la proportion des logements appartenant à l'Etat et gérés par lui est globalement minime. De plus, les coûts de construction et d'entretien sont considérablement réduits parce qu'une bonne part de la main-d'oeuvre est assurée par les jeunes qui font obligatoirement leur service social, dont on a déjà parlé dans le contexte des institutions politiques. Les professionnels de la construction sont mis à contribution pour la direction des travaux, mais le travail manuel non spécialisé est à peu près totalement effectué à peu de frais par les jeunes. D'une part, les professionnels de la construction sont relativement satisfaits d'obtenir des contrats qu'ils n'auraient de toute manière pas eus, étant donné le manque de ressources des bénéficiaires qui les aurait forcés à renoncer à toute construction et à toute réparation, ou encore, à avoir recours à ce que vous appelez le travail au noir. D'autre part, la quantité de logements modestes mais décents devient peu à peu suffisante sans une intervention massive de l'Etat.

— La dépendance des bénéficiaires me semble inévitable, dans un tel contexte.

— Elle ne peut sans doute pas être complètement éliminée. C'est vrai. Mais je ne crois pas qu'elle soit plus grande que dans votre société, actuellement. Je pense au contraire qu'elle est moindre.

— Comment est-ce possible?

— Nous avons pensé à plusieurs incitatifs à l'autonomie qui sont efficaces à un point qui nous a surpris au départ. Je ne veux pas m'étendre trop longuement sur le sujet, mais je dois quand même insister sur la manière dont sont comptabilisés les services pour faire ressortir l'importance du principal incitatif.

— Je suis bien curieux!...

— C'est par le biais de la carte d'identité qu'on peut enregistrer la qualité et la quantité de bénéfices reçus par chacun, qu'il s'agisse du logement, de la nourriture, dont on reparlera, des soins de santé, de l'éducation et de tout autre service dispensé aux gens, individuellement. Tout cela s'accumule jusqu'à un certain plafond décrété périodiquement par notre gouvernement, sauf dans le cas des soins de santé qui sont en principe illimités, quoique pris en compte avant que d'autres services jugés moins essentiels soient dispensés. Par ailleurs, et c'est là le principal incitatif à l'autonomie, tous peuvent contribuer volontairement aux tâches d'abord prévues pour les jeunes qui font leur service social. Cette contribution est quantifiée et portée au crédit des bénéficiaires de services publics, par l'intermédiaire de la carte d'identité, modifiant par là la limite des services qui leur sont offerts. Ainsi, ils comblent en partie le coût de l'intervention de l'Etat.

— Cela m'apparaît bien complexe!

— Ça ne l'est pourtant pas, dès qu'on est un peu familier avec le système.

— Quelqu'un peut-il faire du travail volontaire et en faire profiter quelqu'un d'autre?

— Cela dépend des pays et des services. Chez nous, par exemple, les parents peuvent cumuler des crédits qui peuvent au bout du compte se traduire en bourses d'étude pour leurs enfants.

— Cela fait-il, finalement, que des bénéficiaires trouvent intéressant d'échapper totalement à la dépendance de l'Etat?

— Pas toujours. Mais une chose est certaine, c'est qu'en retour des services reçus, les bénéficiaires peuvent — comme tout autre citoyen — contribuer volontairement, ponctuellement ou régulièrement, et, dans une certaine mesure, de la manière qu'ils le veulent, aux activités qu'ils veulent. Nous avons tous été très surpris de voir à quel point beaucoup apportent une contribution très substantielle qui alimente un climat d'entraide... Soit dit en passant — et je me répète à ce propos — déjà, chez vous, il y a beaucoup de gens qui ne demandent pas mieux que d'aider les autres bénévolement mais qui, en pratique, ne peuvent pas vraiment le faire autant qu'ils le voudraient, faute de moyens pour repérer ces gens qui ont besoin d'aide. Chez nous, le cadre du service social fournit un moyen concret de canaliser et de stimuler cette bonne volonté que l'on retrouve chez un très grand nombre de gens. Alors, l'idée de dépendance chronique en prend pour son rhume! D'autant plus que nous avons pensé à d'autres incitatifs à l'autonomie.

— Vous voulez me donner un autre exemple?

— Dans certains cas très précis, si quelqu'un le veut, il peut renoncer pendant plusieurs années à son droit au logement gratuit ou subventionné. L'Etat lui accorde alors un montant forfaitaire substantiel, variable notamment en fonction de la période où le droit est mis en veilleuse. Ce montant peut alors servir à acheter le logement, ce qui libère l'Etat d'une partie des coûts globaux encourus. Ce qu'on a observé, c'est qu'à l'échéance de ladite période, les gens préfèrent souvent demeurer autonomes plutôt que de se prévaloir à nouveau du droit récupéré. Le même processus s'applique aussi dans d'autres domaines.

— Comment comprendre cela?

— Nous voyons deux raisons principales. D'abord, en demeurant autonome en ce qui concerne le logement, on conserve un «crédit global» plus sain, dans l'éventualité où l'on aurait un plus grand besoin des services de l'Etat. Il y va donc de l'intérêt de chacun de ne pas compter inutilement sur les ressources de l'Etat.

— Vous croyez vraiment que cela suffirait à dissuader de la dépendance vis-à-vis de l'Etat?

— Sans doute non. Mais, allié au climat d'entraide ainsi créé et entretenu, ce que nous observons est très satisfaisant. Cela ne veut pas dire qu'il n'y a pas quelques «parasites du système», mais ils sont suffisamment marginaux pour ne pas miner notre approche socio-économique, en d'autres termes, pour qu'on les tolère.

— Et la nourriture? Que tous puissent se nourrir suffisamment, c'est là une visée que vous jugez essentielle, aussi. Comment y parvenez-vous?

— Cela est beaucoup plus simple qu'en ce qui concerne le logement... A ce propos, je commencerais par la même question que je t'ai posée à propos du logement : combien de gens, chez vous, manquent vraiment de nourriture?

— Il m'est impossible de le savoir avec assurance, mais je suis convaincu que même si leur nombre est assez important, la proportion en est minime, voire infime. Je me limite, bien sûr, à la quantité de nourriture, et non à sa qualité.

— Cela est une précision importante, en effet. Mais nous y reviendrons plus tard, lorsque nous nous entretiendrons de la santé. Pour l'instant, je crois qu'on peut convenir, en effet, que les gens qui ne mangent vraiment pas à leur faim sont relativement peu nombreux. On a par là une idée du caractère minime, lui aussi, du coût que l'Etat a à assumer lorsqu'il s'occupe des plus démunis, dans le domaine de la nourriture.

— Il y a la question de coût, sans doute, mais il y a aussi la manière de procéder. Comment acheminez-vous cette aide alimentaire?

— Je te fais grâce de la manière dont on s'y prend pour évaluer les besoins de chacun, de la question des intervalles qui séparent ces évaluations, et des facteurs considérés dans ces évaluations. Je rappelle seulement que c'est par l'intermédiaire de la carte d'identité que les dispensateurs des services savent à quoi les bénéficiaires ont droit. Cela étant dit, il y a trois principales manières de procéder.

— Comment cela?

— Il y a d'abord des épiceries d'Etat où tout est gratuit. Chaque semaine, certains bénéficiaires ont droit à un panier d'épicerie d'une certaine valeur, tout simplement. Ces épiceries sont totalement réservées à ces bénéficiaires. Elles sont gérées par des fonctionnaires, peu nombreux, qui utilisent les services de jeunes qui en sont à faire leur service social, et de bénévoles. Pour les itinérants ou l'équivalent, il y a des réfectoires où des repas substantiels, mais pas nécessairement coûteux, sont préparés et distribués gratuitement. Enfin, pour un certain nombre de cas, les repas sont distribués à domicile. Tout cela est coordonné par des fonctionnaires, mais le travail «de terrain» est assumé par des jeunes et des bénévoles.

— Et cela marche?

— Bien sûr!

— N'arrive-t-il pas qu'on manque de jeunes ou de bénévoles?

— Cela est malheureusement déjà arrivé. Ce qui est aussi grave, mais pas plus, que dans votre société actuelle... Depuis, nous avons mis sur pied un mécanisme qui permet d'éviter efficacement ce genre de situation. Nous avons tout simplement créé des «équipes volantes» de jeunes et de bénévoles. De plus, nous avons un peu partout, dans les quartiers des villes, dans tous les petits villages, et même dans les milieux ruraux, des postes téléphoniques pour relayer les besoins à des centres d'urgence qui ont pour fonction d'intervenir rapidement quand il le faut.

— Au lieu de se compliquer la vie pour le logement et la nourriture, ne serait-il pas beaucoup plus simple que l'Etat verse à ceux qui en ont besoin une certaine somme d'argent qui serait utilisée selon le bon vouloir de chacun?

— C'est ce que nous avons fait pendant longtemps. Mais nous avons observé qu'il arrivait trop fréquemment que le but visé n'était pas atteint. Par exemple, une part de cette somme était détournée au détriment de certains membres d'une même famille. C'est ce qui arrivait, notamment, dans certains cas graves d'alcoolisme, dans certains cas où on se permettait des dépenses pas toujours judicieuses, comme un voyage coûteux au détriment de la qualité de la nourriture, et ainsi de suite...

— C'est vraiment du paternalisme!

— Non! Il s'agit de prendre au sérieux la satisfaction — au moins minimale — des besoins essentiels... Un véritable paternalisme commencerait là où nous voudrions nous immiscer dans les choix qui débordent ces besoins strictement de base. J'ai pourtant déjà insisté là-dessus : l'Etat se limite, à peu de choses près, à ce niveau d'intervention. C'est en cela qu'il diffère essentiellement des systèmes dont tu soulignais l'échec retentissant. Cela étant dit, l'Etat verse tout de même certaines sommes à un certain nombre d'individus ou de familles pour combler en partie d'autres besoins jugés essentiels, comme l'habillement et les fournitures scolaires pour les enfants des familles démunies, mais cela est marginal et déborde notre sujet actuel.

113

— Pour le logement et la nourriture je vois assez bien comment vous procédez. Ce que j'aimerais bien savoir, c'est la manière de vous y prendre pour assumer ces besoins essentiels que sont les soins de santé et l'éducation. Je sais que nous devons en parler plus longuement plus tard, mais comme nous parlons d'économie, j'aimerais savoir comment ces domaines très coûteux ne viennent pas empêcher de garder des ressources pour les domaines que nous venons de voir.

— Disons tout de suite qu'en comparaison avec votre société, les coûts du logement et de la nourriture que notre société assume sont minimes.

— Comment est-ce possible?

— D'abord, on vient de le voir, le service social des jeunes joue un grand rôle, et il n'est pas très coûteux pour l'État. De plus, il est un moyen d'inciter un très grand nombre de gens à l'entraide. Ce service illustre assez bien le sérieux que nous accordons à l'idée que dans une société, nous n'avons pas que des droits mais aussi des devoirs. Par ailleurs, pour répondre adéquatement à ta question, il faudrait prendre en compte les répercussions de notre système sur les coûts sociaux de beaucoup d'autres facteurs, notamment du système judiciaire. Car la criminalité est minime, si on la compare à celle que l'on observe dans votre société. Une société dans laquelle les besoins essentiels sont comblés pour tous est beaucoup moins déchirée par l'envie et surtout par le besoin vital d'assurer par tous les moyens sa propre subsistance.

— Vous n'allez tout de même pas dire qu'il n'y a pas de criminels, chez vous!...

— Mais non! Mais il y en a moins. Et l'idée qu'on a des devoirs, et non seulement des droits — le droit au logement et la nourriture, par exemple — a des incidences qui vont très loin. Dans le cas des criminels tenus en réclusion, par exemple, elle se traduit par le fait que le logement et la nourriture auxquels ils ont droit, comme tout être humain, ne leur sont pas candidement accordés sans rien en retour. Ceux qui sont en mesure de le faire doivent travailler pour l'État, en retour de ces services, et aussi en réparation des torts causés aux autres.

— Des travaux forcés, quoi!

— Si on veut. Il ne s'agit toutefois pas de travaux inutiles avilissants comme ceux de certains camps de concentration bien connus dans l'histoire de certaines de vos sociétés. Il s'agit de tâches utiles, tout comme celles que les autres citoyens effectuent dans leur travail quotidien. Dans des proportions variables, selon les cas, une partie du fruit de ce travail revient aux prisonniers, l'autre contribue à combler les frais de leur détention et à réparer les torts que leur crime a causés.

— Venons-en à l'éducation et aux soins de santé...

— Là comme ailleurs, notre préoccupation centrale est le respect des personnes. Cela se traduit par la volonté de s'assurer que c'est la personne elle-même qui est au centre des préoccupations, et non la bonne marche des rouages administratifs de quelque bureaucratie, ou de quelque structure que ce soit. Les rouages administratifs et les structures sont importants si on veut atteindre une certaine efficacité dans ce que l'on fait, mais ils sont un véhicule d'une attitude de respect à l'égard des personnes. Concrètement, cela veut dire que dans le contexte des services que sont l'éducation et les soins de santé, les personnes sont au centre des activités. D'une part, nous voulons assurer à tous et à chacun l'essentiel de ces services tout en maintenant que ceux qui le peuvent doivent mettre l'épaule à la roue, et d'autre part, l'attitude de ceux qui oeuvrent dans ces services en est une, précisément, de «quelqu'un qui rend service à quelqu'un», et non de «vendeur indifférent à l'égard d'un client».

— Comment cela se traduit-il, dans les faits?

— Pour être plus précis que je ne vais l'être, il faudrait que j'aie d'abord expliqué comment fonctionnent les structures de ces domaines. C'est pourquoi je vais me limiter, pour l'instant, à décrire la principale mesure qui nous rend aptes à contenir nos dépenses tout en assurant l'accessibilité des services.

— J'ai hâte de vous entendre...

— Ce n'est tout de même pas un tour de magie. Il nous suffit d'exiger que ceux qui le peuvent assument directement, plutôt que par le détour abstrait d'un impôt global sur le revenu, une certaine partie des coûts.

— Je vous répéterai que c'est là attaquer l'universalité de ces services qui nous est très chère.

— Je sais. Je sais. Ce que vous ne semblez pas réaliser, c'est que par le biais de cette universalité vous assurez du même coup l'universalité de beaucoup d'effets pervers...

— Comment cela?

— En éducation, par exemple, comme les étudiants n'ont à défrayer que leur subsistance jusqu'à un niveau avancé, et non pas les frais de scolarité, beaucoup considèrent comme un droit inaliénable qu'on leur dispense une bonne formation même lorsqu'eux-mêmes ne la prennent pas au sérieux. Un des résultats est que les exigences académiques et la qualité de la formation, en général, en souffrent, et tous sont affectés. Voilà un cas d'universalité perverse. Dans le domaine de la santé, beaucoup abusent de ce service. Un des résultats est que les listes d'attente et l'attente elle-même dans les salles d'urgences et dans les cabinets de médecins sont révoltantes pour tous. Voilà un autre cas d'universalité perverse.

— Mais au moins, tous ont accès à ces services!

— Vraiment? Le gaspillage dont nous avons déjà parlé est tel dans ces services qu'il est de plus en plus difficile d'y avoir accès même lorsqu'ils sont vitaux.

— Vous exagérez!

— Tu n'as jamais entendu parler de personnes décédées parce qu'elles devaient être opérées d'urgence et que le service de cardiologie retardait leur opération de plusieurs semaines et parfois de plusieurs mois?

— Ce sont des exceptions.

— Tu n'as jamais entendu parler d'incompétence dans beaucoup de domaines d'activités, incompétence en voie de devenir universelle tellement l'éducation et la formation se sont ajustées au plus petit dénominateur commun?

— Vous êtes méchant...

— Vraiment? En tout cas, c'est cela — et le fait que nos ressources sont limitées — qui nous a amenés, chez nous, à exiger que ceux qui le peuvent assument une partie des coûts de ces services.

— «Une partie», cela est bien vague...

— Je ne veux pas entrer dans les détails techniques. Ce serait trop long. Qu'il suffise de dire, par exemple, que cette partie dont il est question reviendrait, chez vous, à peu près à ceci. Dans le domaine de l'éducation, à partir de l'âge où l'école n'est plus obligatoire, une année de scolarité coûterait l'équivalent de cent tickets d'autobus au secondaire, cent tickets par session, au niveau collégial, et cinq cents tickets par session, au niveau universitaire.

— Puisque vous y êtes, pourquoi ne pas compter en bières pression ou en hamburgers?

— Les tickets d'autobus sont moins chers!...

— Et dans le domaine de la santé?

— Il suffirait que chaque consultation de médecin coûte dix tickets d'autobus, qu'on défraye le dixième du coût de toute intervention chirurgicale et enfin qu'on assume les frais d'hôtellerie pour les hospitalisations de moins de dix jours.

— Vous venez du même coup de rendre ces services inaccessibles à toute une partie de la population!

— Si tu te souviens, je parle de ceux qui peuvent assumer ces coûts, sans se ruiner ni même modifier sensiblement leur niveau de vie. La part d'intervention de l'Etat demeure substantielle, même pour ces gens. Mais elle est considérablement diminuée globalement. Quant à ceux qui ont vraiment besoin d'une aide plus substantielle de l'Etat, les ressources sont là pour les aider. Il s'agit donc d'une véritable universalité : tous ont ainsi accès aux meilleurs services possible.

— Vous ne prenez pas en compte les frais administratifs supplémentaires pour comptabiliser et administrer tout cela!

— Non, parce que cela est assumé vraiment gratuitement.

— Comment?

— Par les puces... de la carte d'identité... Mais cette idée d'assumer une part des coûts de ces services n'est pas la seule dimension d'un réaménagement possible des ressources. Nous y reviendrons quand nous aborderons spécifiquement les domaines de l'éducation et de la santé.

— D'accord, car il y a un sujet sur lequel j'aimerais bien vous entendre. Il s'agit du chômage. Chez nous, il s'agit d'un problème chronique qui est à la source de bien des maux, car il affecte beaucoup de personnes, notamment les jeunes.

— Le chômage est une des grandes maladie de l'économie, et de la société. En fait, s'il était délibérément voulu, il serait une des formes les plus pernicieuses de mépris à l'égard des personnes, car il les atteint profondément, non seulement dans leurs ressources essentielles à leur subsistance, mais aussi et surtout dans leur dignité. Souvent, un chômeur se sent inutile, dévalorisé, rejeté. Et cela, c'est extrêmement grave...

— Pour beaucoup, la subsistance est prioritaire...

— Sans doute. Mais le plus urgent n'est pas nécessairement le plus profond. Respirer, c'est essentiel, mais il faut plus que cela pour que quelqu'un ait le sentiment d'une vie comblée et significative. C'est pourquoi, chez nous, nous ne nous contentons pas d'assurer à chacun l'essentiel dans les domaines que nous avons nommés, mais nous essayons aussi, par des incitatifs, de faire en sorte que tous ceux qui le peuvent apportent leur contribution. Il s'agit aussi, sans doute, de maximiser la production des biens et des services, mais le respect des personnes suppose avant tout des égards réels pour les personnes elles-mêmes. Et dans le domaine de l'économie, une des formes privilégiées est l'entraide dans la production des biens et des services.

— Arrivez-vous à éliminer complètement le chômage?

— Non, mais presque. Ce phénomène découle de la

conception qu'on se fait de l'économie. Si elle repose complètement sur le laisser-faire, sur le hasard, il y a certes des mécanismes régulateurs spontanés qui se créent et qui, généralement, corrigent partiellement les choses.

— «Généralement»…, c'est bien là le problème. Ce n'est pas «toujours»… Et c'est pourtant cela qu'il faudrait. Mais, quand vous parlez de mécanismes régulateurs, de quoi parlez-vous, au juste?

— A titre d'exemple, si dans un domaine donné la production est trop considérable, il y aura un surplus, et par conséquent les gens qui assurent cette production deviendront, d'un strict point de vue économique, inutiles dans la même mesure. Voyant cela, on comprendra que les jeunes qui sont encore à faire des choix de carrières et de métiers se dirigeront vers d'autres domaines où la possibilité de se trouver un emploi est plus prometteuse. Mais les mécanismes régulateurs spontanés ne suffisent pas à éliminer le chômage, loin de là. Lorsque l'économie est secouée pour quelque raison, ces mécanismes ne jouent pas autant qu'il le faudrait, ni assez rapidement pour éviter que de nombreuses personnes en souffrent beaucoup.

— C'est le cas, actuellement, surtout pour les jeunes.

— Oui, je sais. Et pourtant, il suffirait de quelques mesures pour réduire sensiblement ce chômage…

— Là, j'aimerais bien les connaître!

— La première, et peut-être la plus importante, consisterait à assouplir les mécanismes de sécurité d'emploi.

— Quel euphémisme! «Assouplir»! Ce que vous avez en tête, c'est plutôt «éliminer», n'est-ce pas?

— C'est sans doute ce que certains comprendront… Mais il s'agit vraiment de les assouplir. Car, actuellement, chez vous, il ne s'agit plus de sécurité d'emploi, il s'agit de carcans dommageables à beaucoup de points de vue.

— Nous avons déjà abordé ce sujet. Rappelez-vous.

— Oui, oui. Cette raideur dans la sécurité d'emploi et la complexité des conventions collectives viennent avant tout d'une insécurité. Mais, justement, si cette insécurité disparaissait dans la mesure où tous pourraient compter sur le fait qu'ils seraient de toute manière en mesure de combler leurs besoins les plus urgents dans les domaines déjà considérés, le nombre de ceux qui s'accrochent désespérément à leur emploi diminuerait sensiblement. Car il est assez manifeste que dans tous les domaines il y a beaucoup de gens qui aspireraient volontiers à changer de carrière, ou à interrompre pour un certain temps leurs activités professionnelles pour réaliser quelque rêve qui leur est particulièrement cher. Une mobilité plus grande de la main-d'oeuvre rendrait cela plus facile. Et la satisfaction des besoins fondamentaux, comme nous l'assurons chez nous, contribue à rendre possible cette mobilité.

— Je serais curieux de savoir comment nos syndicats recevraient cette suggestion...

— Ne dit-on pas, chez vous, que les syndicats ce sont les syndiqués?

— Sans doute, mais il deviendraient féroces, j'en suis sûr!

— Les syndicats sont souvent comme certains animaux : ils deviennent dangereux dans la mesure où ils ont peur. D'ailleurs, ne se sont-ils pas constitués en réaction, pour se protéger contre l'arbitraire des employeurs? Si on a davantage de considération pour les employés, syndiqués ou non, la raison d'être des syndicats est d'autant diminuée, ce qui entraîne une modification de leur importance ou de leur rôle.

— Et vos autres mesures?

— Une autre mesure qui est très efficace, chez nous, c'est ce que vous appelez le «temps partagé». Il arrive que deux personnes occupent un «poste», c'est-à-dire qu'il y a deux personnes pour un emploi. Ce n'est pas possible dans tous les domaines, mais dans beaucoup de cas, ça l'est. Il est alors loisible à ces deux personnes de penser à toutes sortes de combinaisons : elles peuvent travailler à plein temps une semaine sur deux ; ou encore, un mois ou un an sur deux ; elles peuvent s'échanger du temps, et ainsi de suite. Cela est particulièrement facile dans le cas de membres d'une même famille qui occupent le même genre d'emploi chez le même employeur, mais c'est aussi possible entre personnes indépendantes. De plus, les combinaisons peuvent se constituer entre plus de deux personnes. Enfin, certains peuvent tout simplement travailler à temps partiel pour de courtes périodes ou pour des périodes plus longues. Une fois institutionnalisée, cette souplesse accommode beaucoup de gens en permettant à un plus grand nombre de personnes d'avoir un emploi. Cela réduit donc le chômage.

— Et encore?

— Ce que je viens de dire s'applique particulièrement aux gens plus âgés qui commencent à songer à leur retraite. Un très grand nombre prennent une demi-retraite. Cela leur permet de libérer un demi-emploi plus tôt qu'ils ne l'auraient fait autrement, et de maintenir leurs activités professionnelles plus longtemps. A long terme, cela ne crée pas nécessairement plus d'emplois, car ces gens travaillent souvent jusqu'à un âge plus avancé qu'ils ne le font maintenant chez vous. Toutefois, ils sont plus heureux, dans leur travail. Et leur expérience permet d'assurer une harmonieuse continuité avec la relève.

— Mais, comme vous dites, cela ne crée pas d'emplois...

— Cependant, ce qui est vrai des plus âgés l'est aussi des plus jeunes : eux aussi peuvent commencer en travaillant à mi-temps.

— Généralement, ce ne sont pas les jeunes qui veulent un emploi à mi-temps!

— Ils sont en effet moins nombreux que les gens près de la retraite, mais nous avons été étonnés de voir qu'ils étaient plus nombreux que ce à quoi nous nous attendions. Par exemple, nous avons observé un phénomène à la fois étrange et très compréhensible. Beaucoup de jeunes ont le goût de voyager. Or, quand ils ont un emploi à temps plein, ils ne le peuvent pas. S'ils n'ont aucun emploi, ils le peuvent aussi très difficilement. Mais avec un emploi à temps partiel, ils peuvent se permettre d'aller régulièrement dans d'autres pays, notamment pour apprendre des langues étrangères. Ou tout simplement pour combler leur besoin d'élargir leurs horizons.

— Et encore?

— Chez vous, nous avons observé que beaucoup d'étudiants occupaient des emplois, en plus de leurs études à temps plein.

— Cela est fréquent, en effet.

— Eh bien, chez nous, nous avons tenté de créer un environnement tel que la très grande majorité des étudiants se consacrent à plein temps à leurs études. Car, il faut bien le dire, le temps et l'énergie consacrés à un emploi le sont le plus souvent au détriment du sérieux des études. Et cela nous voulons l'éviter. C'est pourquoi nous assurons toute l'aide financière nécessaire pour les études, mais cette aide est soumise à des normes très strictes. J'y reviendrai lorsque nous parlerons de l'éducation. Cela aussi contribue à dégager de l'espace pour ceux qui se cherchent un emploi.

— Ne craignez-vous pas qu'il y ait plutôt une pénurie de main-d'oeuvre?

— Pas vraiment, car les emplois à temps partiel étant relativement nombreux, les gens qui les occupent constituent un immense «réservoir» régulateur. Si la main-d'oeuvre vient à manquer dans un domaine, il est relativement facile de stimuler un nombre de personnes à travailler davantage qu'à mi-temps, soit par le salaire, soit par d'autres avantages. Cette stimulation peut être d'une durée plus ou moins longue, selon les besoins. La main-d'oeuvre qualifiée, expérimentée, est donc disponible immédiatement. Quand il y a un surplus de main-d'oeuvre, la stimulation va plutôt en sens inverse. Le temps partiel, partagé ou non, mais régulier — et non précaire! — est un moyen très efficace de maîtriser le taux de chômage.

— Vous comptez sur le bon vouloir des gens. Cela suffit-il toujours?

— Presque. Il ne faut pas oublier que beaucoup de gens accomplissent bénévolement une foule de tâches, notamment lorsqu'ils sont à la retraite, mais aussi avant cela. De plus, lorsque la main-d'oeuvre se fait plus rare dans un secteur où il y a une urgence, l'Etat peut toujours intervenir par le biais du service social obligatoire.

— Mais les jeunes ne sont pas nécessairement qualifiés pour combler une demande où il y a une urgence...

— Sans doute. L'intervention peut cependant être réalisée par substitution. Les jeunes peuvent être affectés à des tâches qui libèrent des gens qui, eux, le sont.

— Si je comprends bien, l'Etat intervient beaucoup, dans le domaine de l'économie.

— Oui et non. Il intervient fermement dans l'organisation globale de la vie en société ; cela, il faut le rappeler, avec l'accord de la population. Dans le strict domaine de l'économie, il se limite à la satisfaction des besoins les plus fondamentaux, comme on l'a vu. Cependant, lorsque la population réclame explicitement un rôle accru, alors, avec prudence, il accède à cette demande.

— Avez-vous des exemples, pour illustrer cela?

— En voici quelques-uns. Il y a quelque temps, chez nous, des gens ont réclamé plusieurs mesures sociales importantes. Comme ces demandes étaient sensées et persistantes, nous avons tenu un référendum multiple, c'est-à-dire à plusieurs questions, portant sur chacune des demandes. Comme tu t'en rappelles sans doute, nous tenons de temps à autre des référendums-éclairs, sans campagne proprement dite ; ce qui nous permet de savoir dans quelle mesure ce qui est réclamé par certains reçoit l'approbation de la population. Dans le cadre d'un tel référendum, des mesures, qui à strictement parler débordent les besoins essentiels, ont été adoptées. Il s'agit de mesures pour venir en aide aux familles défavorisées. Leur visée était que les couples ne soient pas acculés à renoncer à avoir des enfants pour des raisons économiques. Cette aide particulière consistait entre autres choses en un appui financier, un peu sur le modèle de ce que vous appelez les allocations familiales. Elles comportaient aussi un volet

121

permettant de consolider un réseau national de garderies. Enfin, elles ont permis la création d'un réseau de camps de vacances pour les familles les plus démunies. Un autre exemple : on a réclamé et obtenu de notre gouvernement une loi stipulant que si une personne occupe un emploi depuis au moins un an, elle a droit à des vacances d'au moins un mois par année.

— Ce sont des mesures importantes, sans doute, mais elles débordent en effet ce qu'on pourrait qualifier d'essentiel à la subsistance...

— C'est pourquoi nous attendons, dans ces cas, un mandat explicite de la population. De plus, dans la période (qui n'est pas vraiment une campagne) qui précède un référendum, nous précisons toujours le plus exactement possible ce qu'il en coûterait d'adopter chaque mesure réclamée.

— Cela veut-il dire que, par ailleurs, vous avez une économie partiellement dirigée «par le hasard», comme vous vous plaisez à le dire de notre économie?

— Il faut bien avouer que oui, mais — et j'insiste fortement là-dessus — une fois seulement que les besoins essentiels sont assurés pour tous. Cela, je crois, est très différent de ce que l'on observe chez vous... En fait, la soif de richesse est ainsi tempérée, mais non écrasée. D'ailleurs, on en conviendra, écraser cette soif serait à la fois néfaste — si d'aventure cela était possible — et irréalisable. C'est ainsi que le phénomène des stars se manifeste, chez nous aussi, mais il est tempéré par un taux de taxation de cinquante pour cent. Cela permet une contribution substantielle à l'aide aux plus démunis, tout en préservant la possibilité d'un enrichissement très considérable si la «demande du marché», comme vous aimez l'appeler, le permet.

— Il y a beaucoup d'autres questions que je voudrais aborder, concernant l'économie, notamment le problème que pose l'interdépendance des économies de vos différents pays. Ce qui amène du même coup le problème de l'aide aux pays les moins favorisés.

— Il est certain qu'il ne nous sera pas possible d'aborder toutes les dimensions de notre vie en société, ni même toutes les facettes des domaines que nous examinons. Avant de clore nos entretiens sur l'économie, je reviendrai quand même quelque peu sur la question de l'entraide internationale, même si j'y ai déjà fait allusion dans nos entretiens sur la politique.

— Vous avez alors parlé d'une «loi de la réciprocité».

— C'est cela. En fait, l'entraide internationale, pour nous, suit la même logique que l'entraide à l'intérieur d'un même pays. La difficulté majeure vient de ce que l'équivalent d'un gouvernement qui dirigerait l'ensemble des pays n'est pas toujours très efficace. Comme chaque personne, à l'intérieur d'un pays particulier, ne peut attendre que le gouvernement se mêle de tout et prenne toutes les initiatives, ainsi, sur la scène internationale, chaque pays est laissé à sa propre initiative, en ce qui concerne l'aide à accorder aux pays moins favorisés.

— Mais cette initiative, comment se manifeste-t-elle?

— La préoccupation majeure est, comme chez nous, que chacun ait ce qu'il faut, au moins minimalement, pour combler ses besoins essentiels. Avec le temps, nous avons compris que, sauf en cas de situations urgentes — sécheresses, cataclysmes, épidémies — l'aide directe n'était pas toujours très efficace ni parfois même souhaitable, car elle était souvent détournée par l'élite locale à son propre profit, ou bien alors elle tendait trop souvent à imposer des éléments de culture difficilement compatibles avec la culture du milieu.

— N'est-ce pas inévitable?

— Sans doute, jusqu'à un certain point. Mais, autant que possible, nous essayons d'aider les pays les plus démunis en respectant leur culture, même si cela est parfois très délicat.

— Que voulez-vous dire, au juste?

— Simplement que ce respect des cultures ne va pas, pour nous, jusqu'à fermer les yeux sur des coutumes qui portent atteinte sérieusement aux personnes. En clair, par exemple, nous n'aiderions pas une société à devenir plus efficace dans l'extermination des clans adverses, même si cela était une pratique courante et ancienne dans cette société... En ce sens, une aide conditionnelle au respect des personnes, au moins dans leur intégrité physique, constitue une manière d'imposer notre propre façon de vivre. Cependant, nous espérons par ailleurs respecter le plus possible la culture du milieu.

— C'est aussi ce que nous faisons, quand nous exigeons que les gouvernements auxquels nous fournissons de l'aide respectent les droits de la personne.

— Oui, je sais. Et je crois que vous savez déjà à quel point c'est difficile de ne pas s'imposer inutilement dans toutes sortes de domaines... et aussi d'éviter, sous des dehors humanitaires, d'exploiter à son propre profit ceux qu'on dit aider.

— Concrètement, en quoi consiste l'essentiel de votre aide?

— D'abord dans l'éducation, dans la formation d'une expertise locale qui puisse, en harmonie avec la culture du milieu, implanter les attitudes et les structures nécessaires à la satisfaction des besoins essentiels de tous. Et aussi, à cette fin, dans le don de capitaux stratégiques, bien ciblés qui, soit dit en passant, n'ont pas toujours à être très substantiels.

— Dans le domaine de l'éducation, on assiste souvent à un problème jusque-là insoluble : les gens formés dans nos meilleures écoles et universités s'habituent à notre culture et abandonnent souvent leur pays... C'est comme cela qu'on a pu observer que dans une seule ville d'un de nos pays riches le nombre de médecins originaires d'un certain pays du tiers monde était plus grand que le nombre total des médecins de tout ce pays...

— Nous sommes conscients de ce problème. C'est pourquoi nous imposons un certain nombre de règles très fermes. Par exemple, en collaboration avec les autorités locales, nous essayons d'évaluer les besoins de formation les plus urgents et par la suite, nous essayons d'être très généreux pour accueillir gratuitement le plus grand nombre possible d'étudiants en provenance de ces pays, à la condition explicite que ces étudiants s'engagent formellement, légalement, à retourner oeuvrer au moins dix ans dans leur pays.

— N'arrive-t-il pas alors qu'après leurs études ces gens aillent consolider une élite locale dont ils sont généralement issus?

— Sans doute. C'est alors par l'octroi sélectif de capitaux que nous pouvons continuer à inciter le pouvoir local à composer avec une attitude de respect pour les personnes.

— Et cela est efficace?

— Jamais autant que nous le souhaiterions, mais suffisamment pour que nous cherchions à augmenter sensiblement cette aide...

— Dans la mesure où votre aide est substantielle, notamment en capitaux, cela ne nuit-il pas à la conduite de vos propres affaires, chez vous?

— On peut sans doute dire, à première vue, qu'un pays n'a jamais assez de ressources, et que, dans la mesure où il s'en départit au profit d'autres pays, il devient moins concurrentiel face aux autres pays qui ont son niveau de développement. Cela est vrai en apparence seulement. Car, à long terme, même si cette aide n'était pas généreuse et bien intentionnée, elle serait quand même très profitable.

— Comment cela?

— Pour plusieurs raisons, dont les deux suivantes. D'abord, en aidant les gens des pays démunis à s'organiser efficacement chez eux, ces derniers jouissent d'une vie parmi les leurs, dans leur culture, et ainsi ils ne vont pas par désespoir envahir les pays riches et menacer les fondements mêmes de leur culture. Chez vous, cela se produit, notamment dans les pays riches qui ont été colonisateurs. On assiste à un retour des choses assez juste, tout compte fait, lorsque les anciens colonisés viennent, en un sens, «récupérer leur dû» en s'installant dans les pays riches, souvent au grand dam de ces derniers...

— Et votre deuxième raison?

— Ceux qui jouissent de grandes richesses et les conservent jalousement pour eux voient se développer comme un cancer une criminalité qui leur coûte plus cher qu'une aide substantielle à l'égard des pays pauvres.

— Comment cela?

— C'est que l'aide aux pays démunis suit la même logique que l'aide aux démunis de sa propre société. Si on n'a pas la générosité d'aider les autres pays, on n'a pas non plus la générosité qu'il faut pour aider les siens. Et alors se développe l'«effet boomerang», qui passe par la constatation du contraste entre riches et pauvres. Inévitablement, et cela est compréhensible, cet écart devient insupportable aux plus démunis qui n'hésitent plus à faire fi des règles qui régissent leur société. C'est comme cela que des pays très prospères sont littéralement minés par la criminalité.

— Finalement, ce que vous appelez «générosité» n'est qu'une certaine lucidité mise au service de ses propres intérêts...

— Non, mais cela coïncide : une générosité et un respect authentiques à l'égard des autres servent effectivement les intérêts de ceux qui les ont et les manifestent. Cela coïncide, mais ce n'est pas la même chose. La meilleure preuve est que même en sachant cela clairement, les gens et les pays riches qui n'ont pas cette générosité et ce respect ne réussissent jamais à simuler les meilleures intentions même lorsque leurs intérêts les plus vitaux sont en jeu. En ce sens, une certaine justice s'établit... comme par hasard!...

L'EDUCATION II

— Comment votre système d'éducation est-il articulé?

— Notre souci est toujours le même : celui de favoriser le respect des personnes. Dans l'éducation comme dans les autres secteurs d'activité, notre priorité est fonction de ce souci. Cela veut dire que ce que nous visons ultimement, dans notre système d'éducation, c'est de développer au maximum chez les gens leurs propres capacités de manière à ce qu'ils puissent s'épauler mutuellement, selon leurs propres talents. Cela suppose que chacun ait repéré ses propres forces, ses propres talents, que chacun ait acquis et raffermi une identité propre, ait repéré ce qui confère un sens à sa propre vie tant personnelle et affective que professionnelle. Cela ne se réalise pas du jour au lendemain, mais l'éducation doit se faire sur cet arrière-plan.

— Vous m'avez déjà entretenu de pédagogie... Ce souci des personnes dont vous parlez, à quel type de pédagogie donne-t-il lieu?

— J'ai déjà affirmé que la pédagogie était l'art de rejoindre les personnes dans une activité de formation. Cela veut dire que le souci de formation s'inscrit dans celui du respect des personnes. La véritable pédagogie n'est pas un ensemble de techniques, comme on semble trop souvent le supposer. En cela, on peut dresser un parallèle avec d'autres domaines, la politique et l'économie, par exemple. De même que l'instauration de structures sociales et politiques ne garantit pas nécessairement l'harmonie entre les citoyens, de même que les mécanismes d'aide économique ne garantissent pas nécessairement une meilleure entente entre les citoyens ou les nations, ainsi, les techniques de la pédagogie ne garantissent pas nécessairement une formation de qualité qui aille dans le sens du respect des personnes.

— Que faut-il comprendre, alors?

— La pédagogie, comme la politique, comme l'aide économique, est avant tout une question d'attitude décidée de respect des personnes. Les techniques en découlent, elles en sont la manifestation, les canaux par lesquels cette attitude se concrétise. Les techniques pédagogiques s'apprennent, comme toute autre technique, mais la pédagogie elle-même s'acquiert non par un apprentissage mécanique, mais par induction ou par instillation, pour ainsi dire. Dans d'autres domaines courants, il en est tout à fait de même. Dans le domaine affectif, les «techniques» ne suffisent jamais, si elles ne sont pas simplement le véhicule concret d'une attitude personnelle qui les sous-tend. De la même façon, un orateur véritable n'est pas qu'un utilisateur de techniques enseignées. Il faut plus. Un dernier exemple : il n'y a rien de plus faux que ce vendeur qui «veut votre satisfaction» sans que le coeur y soit vraiment. Certains vendeurs sont des prodiges de techniques qui ne laissent passer auprès du client que leur profond mépris à son égard, ou en tout cas leur plus totale indifférence. Les étudiants ne s'y trompent pas : quand un professeur se fait «vendeur», ou simple utilisateur de techniques, fussent-elles pédagogiques, ils ne peuvent que ressentir une indifférence à leur égard, voire un mépris qu'ils ne sauraient parfois guère formuler, mais qu'ils peuvent ressentir profondément.

— Votre conception de la pédagogie s'applique-t-elle aussi à des domaines techniques où il y a un savoir à acquérir, un savoir-faire, une technique?

— Mais bien sûr. Par exemple, dans un domaine aussi rigoureux que les mathématiques, il y a toute une différence entre une attitude qui consiste à exposer un savoir à des étudiants, dans le vague espoir qu'ils comprendront, et une attitude habitée avant tout par le souci que les étudiants comprennent vraiment ce qu'on leur enseigne. La différence n'est pas forcément facile à observer, mais, du point de vue des étudiants, elle est souvent ressentie, et cela aide ces derniers à donner le meilleur d'eux-mêmes. Les étudiants exprimeront la chose, parfois, en disant de leur professeur qu'«il est heureux quand on comprend», ou qu'«il veut tellement qu'on comprenne, que cela nous aide à comprendre»…

— Venons-en à votre système d'éducation.

— Oui. Je me limiterai à l'éducation institutionnelle, car l'éducation reçue en famille peut varier sensiblement et, outre les mesures particulières susceptibles d'aider les parents à parfaire l'éducation de leurs enfants, notre société n'a rien défini de particulier à cet égard.

— Sans vouloir insister de manière indue, pourriez-vous donner au moins un exemple de ces mesures particulières?

— Rapidement. Je pense par exemple à un cas survenu il y a quelques années. Certains parents réclamaient de la direction d'une école qu'elle favorise l'étude de langues parlées dans d'autres mondes, notamment dans le vôtre. Les autorités ont consenti à aménager le programme d'étude de manière à permettre une absence prolongée de tout un groupe d'élèves. Depuis, cette école a un calendrier différent des autres écoles, tout en satisfaisant aux objectifs que toutes les écoles doivent atteindre. Un autre exemple concerne la pratique religieuse. Dans quelques cas, la présence aux offices religieux, à certaines périodes de l'année, était incompatible avec les horaires des écoles. Des aménagements ont là aussi été possibles, à la satisfaction de tous.

— Bon, je vois. Revenons à l'essentiel de notre propos.

— Voilà. Comme, dans le domaine de l'économie, nous voulons assurer pour tous au moins un minimum de ressources. Ainsi, dans le domaine de l'éducation, nous voulons assurer au moins le minimum de formation pour tous. Que vise ce minimum prioritaire? L'apprentissage de la langue parlée et écrite, la familiarisation avec les rudiments des mathématiques, un peu d'histoire, un peu de géographie et de sciences. Cela constitue le tronc commun par lequel tous doivent passer avant d'accéder à des études supérieures dont l'éventail est beaucoup plus varié.

— Tous? Est-ce vraiment le cas?

— En fait, certains ne parviennent jamais à terminer les études que nous considérons minimales. Mais il s'agit d'un petit pourcentage de récalcitrants ou des handicapés. Ces derniers reçoivent d'avantage d'aide de la société que les premiers, mais même les récalcitrants ne sont pas laissés pour compte. Jusqu'à seize ans, l'éducation est obligatoire et une loi les oblige à demeurer disponibles pour des études. Ce qui veut dire qu'il est illégal pour qui que ce soit de les embaucher. Par la suite, même si leurs études obligatoires ne sont pas terminées, la contrainte cesse de s'exercer. Nous pensons, en effet, qu'ils ont la maturité suffisante pour mener leur vie comme bon leur semble. Nous ne voulons pas les écraser d'exigences qui ne peuvent être satisfaites qu'avec un minimum de collaboration. Ils en paient le prix, cependant. Ils n'arrivent qu'à se trouver des emplois de second ordre qui très souvent ne les satisfont pas. Cela en incite parfois à reprendre leurs études.

— Comme vous avez étudié notre système d'éducation, ne pourriez-vous pas exposer le vôtre, dans ses grandes lignes, en employant nos termes, quand c'est possible, de manière à ce que je m'y retrouve plus facilement?

— Bien sûr. Tu auras remarqué, sans doute, que je tente toujours d'employer vos termes, pour m'expliquer. Par exemple, quand j'utilise le terme «humain» pour désigner les individus de notre espèce, il s'agit d'un terme équivalent, que nous n'employons pas chez nous. Quoi qu'il en soit, si tu le veux bien, je vais d'abord brosser un tableau global des programmes en commençant par ceux que doivent suivre les tout-petits jusqu'à ceux que l'on retrouve au niveau universitaire.

— Oui, et je vous interrogerai ensuite sur des points précis qui font particulièrement problème chez nous.

— Entendu. D'abord, je veux préciser que l'année scolaire est divisée en cinq sessions égales, et ce, de la maternelle au secondaire inclusivement. Après chaque session, les élèves ont une semaine de congé. Le congé des enseignants est de trois jours. En décembre et janvier, le congé est de deux semaines pour tous. A la fin de l'année, qui se termine à la fin de juin, il y a deux mois de vacances pour les élèves et les enseignants.

Au départ, il y a, pour les plus jeunes, deux ans d'école maternelle. Les jeunes enfants font leur première expérience de l'école à trois ans. En fait, le but poursuivi, lors de cette première année, est essentiellement la socialisation. Ces enfants, à trois ans, se rendent à l'école deux heures par jour, et apprennent ainsi à jouer avec les autres, à partager leurs jouets, je veux dire ceux qu'ils ont entre les mains et qui appartiennent à l'institution.

— Trois ans, c'est bien tôt…

— C'est vrai. Mais nous jugeons que l'apprentissage du respect des autres doit commencer très tôt. Cette socialisation n'est toutefois pas très astreignante. Nous nous fixons comme objectif que chaque enfant s'habitue à composer avec d'autres enfants de différents milieux, de différents caractères, comme plus tard ils auront à composer avec la diversité dans leurs rapports avec les autres. Nous insistons beaucoup sur l'attitude bienveillante, mais ferme, des éducateurs. Cela suppose de leur part une maturité affective, une bonne humeur et beaucoup de patience.

Les activités ne sont pas très nombreuses. Les petits, à cet âge, aiment être absorbés dans des jeux simples. Nous essayons cependant de les initier aux jeux de groupes, ne serait-ce qu'à deux ou à trois et, à l'occasion, en plus grand nombre. L'important, c'est qu'ils soient avec les autres, et qu'ils apprennent à composer avec eux d'une manière qui soit détendue, sereine.

— Et pour la deuxième année?

— Il y a deux différences, entre les années de la maternelle. D'abord, en deuxième année, les enfants se rendent à l'école pendant une demi-journée, et non plus seulement deux heures. De plus, les matières scolaires proprement dites, sont graduellement introduites. Bien sûr, cette deuxième année sert à consolider les acquis de la première. Mais en plus, les enfants sont peu à peu amenés à apprendre leur alphabet, à reconnaître des mots, à reconnaître les nombres. Bref, on les initie tout doucement à la lecture, à l'écriture, au calcul. Il n'y a pas d'insistance draconienne sur cet apprentissage. Tout se passe un peu sous forme de jeu, mais un début d'apprentissage dans ces domaines, aussi minime soit-il, est un objectif clair que personne ne perd de vue.

— Mais tous ne vont certainement pas au même rythme…

— Bien sûr que non. Mais nous encourageons les enfants les plus doués à exercer leur talent à leur rythme. Quant aux plus faibles, ils reçoivent une attention particulière. Cependant, le rendement purement scolaire n'occupe pas une grande place. Il en va autrement dès le niveau élémentaire.

— Tenir compte de rythmes d'apprentissage différents n'occasionne-t-il pas une surcharge de travail aux enseignants?

— Tout à fait. C'est pour cette raison que leur charge de travail tient compte de cette variable. Car ces rythmes différents sont maintenus et encouragés, non seulement au niveau de la maternelle, mais aussi à l'élémentaire et au secondaire.

— J'ai hâte que vous abordiez cette question!

— Passons tout de suite à l'élémentaire, alors.

— J'ai déjà une foule de questions que j'ai peine à contenir. Mais je me résigne à ne vous les poser que plus tard.

— Soit. Le niveau élémentaire s'étale sur sept ans. Les enfants y accèdent à cinq ans. Ce niveau a comme objectif de rendre les élèves aptes à lire, à écrire et à compter. Dès l'élémentaire, le sérieux de l'apprentissage est incontournable. En clair, cela veut dire que ceux qui n'ont pas acquis les compétences requises pour accéder au niveau secondaire n'y accèdent pas. Ils demeurent toutefois dans des groupes de leur âge pour compléter leur apprentissage des aptitudes requises. Ces compétences sont sanctionnées par des examens nationaux, qui ont lieu à la fin de l'élémentaire. Il en est de même, à la fin du secondaire, comme nous le verrons plus tard. Cependant, ceux qui normalement devraient avoir terminé un niveau, que ce soit l'élémentaire ou le secondaire, peuvent se présenter à un examen national qui est tenu à la fin de chaque session pour cette catégorie d'étudiants seulement. Si un étudiant n'a pas réussi à sa première tentative, il n'a pas à attendre l'année suivante : il peut, après une session (ou deux, ou trois) d'encadrement particulier dans un groupe prévu à cet effet, se présenter à nouveau à l'examen national.

— N'avez-vous pas dit qu'il y avait place pour des rythmes différents?

— C'est vrai, mais cela s'applique à chaque année, à l'intérieur de chaque niveau. Pour passer d'un niveau à l'autre, de l'élémentaire au secondaire, du secondaire au collégial, et du collégial à l'université, il faut réussir les examens nationaux. Mais j'anticipe. Quant à ces rythmes différents, ils sont rendus possibles par la division des tâches des différents enseignants et élèves.

— Que voulez-vous dire, au juste?

— A partir de l'élémentaire jusqu'au niveau universitaire inclusivement, il y a trois catégories d'enseignants : les titulaires, qui assurent une part de l'enseignement et patronnent la bonne marche de l'enseignement dispensé aux étudiants dont ils ont la responsabilité, les agrégés, dont la tâche principale est l'enseignement et les nombreuses corrections, enfin, les adjoints, dont la tâche est plus technique. Il s'agit pour eux d'assumer une part relativement minime d'enseignement, d'exécuter les corrections purement techniques, de compiler la documentation nécessaire, les résultats scolaires et autres tâches cléricales. Tout cela dans le but de libérer les titulaires et les agrégés de ces tâches pour les rendre plus disponibles à leur tâche d'enseignement et d'encadrement. De plus, à l'intérieur de chaque groupe d'étudiants — cela de l'élémentaire jusqu'au collégial inclusivement — certains étudiants parmi les plus doués ont la tâche d'aider les plus faibles en certaines occasions. Cela fait partie de l'apprentissage de l'entraide mutuelle.

— J'aurais une foule de questions à poser, mais continuez, malgré tout.

— C'est bon. A l'élémentaire comme au secondaire, l'horaire comprend cinq heures d'activités en classe par jour. Cet horaire est fixe, et non variable comme souvent dans vos écoles où l'on a une répartition des horaires sur sept jours… De plus, dans certaines écoles — qui ont la possibilité de le faire, avec l'accord des parents — ces heures sont réparties autrement. Par exemple, certaines écoles optent pour un congé le mercredi après-midi, pour reprendre ces heures le samedi matin.

A l'élémentaire, quatre heures par jour sont consacrées essentiellement à l'apprentissage de la langue maternelle et à l'arithmétique. La méthode privilégiée est la mise en pratique immédiate des notions apprises. Ce qui signifie que les exercices de toutes sortes sont extrêmement nombreux. On fait lire, on fait écrire, on donne beaucoup de dictées, on fait compter, souvent, méthodiquement, ... et on corrige!... De plus, on exige une heure par jour de travail à la maison. En pratique, il y a un exercice à faire et presque toujours une leçon à étudier pour le lendemain. Dans certaines écoles, on s'est rendu compte que beaucoup d'élèves ne parvenaient pas à faire ce travail à la maison. Après consultation des parents, on a ajouté une heure obligatoire de travail à l'école. Il arrive même, dans un certain nombre d'écoles que certains élèves puissent faire cette heure de travail à la maison, tandis que d'autres doivent la faire à l'école, sous la surveillance d'un adjoint, qui a aussi la tâche de les assister au besoin.

Une heure par jour est consacrée à d'autres activités, à la discrétion du titulaire. Ce dernier peut, par exemple, consacrer une heure par semaine aux balbutiements d'une langue étrangère, à des notions élémentaires d'histoire ou de géographie, à lire des contes, à des notions d'enseignement religieux, à des techniques de certains sports, etc. Cela est en partie fonction des demandes des parents, des équipements des écoles qui varient parfois quelque peu, et aussi du nombre d'élèves disposés à telle activité particulière. Bref, la variété dans l'utilisation de l'heure dite «du titulaire» est très grande.

— Mais il n'est donc pas question d'éducation physique? A cet âge, il est important que les jeunes soient physiquement actifs. Il y va de leur santé!

— Sans doute. C'est pour cette raison qu'après chaque heure de cours, il y a une demi-heure de récréation où tous peuvent — ils y sont fortement encouragés par toutes sortes d'artifices mis en oeuvre par les adjoints — courir, crier, bref, être les plus actifs possible.

— Il y a pourtant bien des matières que l'on devrait aborder à l'élémentaire...

— Peut-être. Mais notre option est de bien assurer l'essentiel, et de permettre marginalement l'initiation à d'autres disciplines. D'ailleurs, les examens nationaux n'ont lieu qu'à la fin de l'élémentaire, et ne portent que sur trois éléments : la lecture, l'écriture, l'arithmétique. Il n'y a aucun examen national portant sur les langues étrangères, l'histoire et les autres activités mises de l'avant par les titulaires dans les heures qui leur sont réservées.

— Bien assurer l'essentiel, jusqu'où cela va-t-il?

— Cela veut dire que pour réussir à obtenir son diplôme élémentaire, un élève doit pouvoir lire à haute voix sans trébucher continuellement et comprendre des textes courants dépourvus de technicalités. Il doit aussi pouvoir écrire sans fautes, ou presque, un texte d'une page qui se tienne, qui soit bien articulé, même s'il est extrêmement simple. Enfin, il doit pouvoir effectuer correctement additions, soustractions, multiplications et divisions des nombres entiers et des fractions, calculer des pourcentages, et autres calculs simples du genre.

— Tout cela est-il bien réaliste?

— Mais bien sûr! Et la très grande majorité réussit très bien. Ceux qui exceptionnellement n'y parviennent pas — pour de multiples raisons — sont particulièment bien encadrés de manière à ce qu'ils puissent, à la session suivante, combler leurs lacunes et se présenter à nouveau à un examen national. Je dois ajouter que pour réduire le nombre d'échecs dus à la nervosité ou à d'autres raisons du genre, certaines reprises sont prévues de manière courante, mais non à rabais, et elles exigent certaines conditions. Par exemple, s'il arrive qu'un élève réussit généralement bien pendant les sessions et rate un examen, il a alors statutairement droit à une reprise dans les jours qui suivent. S'il ne réussit pas cette reprise, il doit alors attendre à la fin de la session suivante, puisqu'un examen national a lieu à la fin de chaque session pour ceux qui normalement auraient dû terminer leur niveau élémentaire.

— Il doit bien y avoir d'autres examens, entre-temps...

— Sans doute. Mais ils ne sont pas versés au dossier scolaire. Ils n'ont pour but que d'affiner les performances de l'élève, en vue de l'examen national.

— Mais puisque les rythmes sont différents, certains élèves ne peuvent-ils pas passer leur examen national plus tôt que d'autres?

— Non, jamais. A l'élémentaire comme au secondaire, l'examen national a lieu à la fin du niveau où l'élève se trouve. On réussit ou on échoue, sans plus. Cependant, les plus doués ont l'option, après la réussite d'un examen, de se présenter à un examen plus exigeant, dans la même discipline. Tous, cependant, doivent réussir au moins le premier que l'on appelle «l'examen A». Le second est appelé «l'examen B», le troisième, «l'examen C», et ainsi de suite, jusqu'au cinquième niveau de difficulté. Il n'y a jamais d'autre résultat que la réussite ou l'échec. Jamais de pourcentage ou autre cote. Dans un tel système, un élève qui aurait la capacité de réussir l'examen A d'une discipline continue son apprentissage de manière à se présenter à un examen supérieur. Comme cela, les plus doués ont toujours la possibilité — cela est dans leur intérêt — d'obtenir un apprentissage à la mesure de leur talent, même si les exigences minimales pour l'obtention du diplôme ne le requièrent pas. Cette manière d'évaluer s'applique à tous les niveaux, de l'élémentaire au niveau universitaire inclusivement.

— Mais alors, quel avantage y a-t-il à se présenter à des examens plus difficiles?

— Les examens réussis sont compilés dans un «carnet académique» que l'élève garde toute sa vie. Ce carnet est en fait une section de la carte d'identité, et sert de référence pour être admis aux niveaux plus avancés, et plus tard, pour être embauché. Il est alors intéressant pour quelqu'un d'avoir un carnet bien garni d'examens supérieurs dans le plus grand nombre possible de disciplines. Cela assure un cadre de référence qui n'est pas que ponctuel à propos des compétences et de la constance au travail de chaque étudiant.

— Mis à part le niveau d'apprentissage, le niveau secondaire est-il structuré de la même manière?

— Tout à fait. Les élèves accèdent normalement au secondaire à l'âge de douze ans, et ce niveau est étalé sur cinq ans. On compte sur les acquis de l'élémentaire pour approfondir la langue maternelle et les mathématiques, et d'autres disciplines sont ajoutées.

— Et le calendrier scolaire?

— Il demeure comme à l'élémentaire. Il en est de même pour l'horaire hebdomadaire et l'horaire quotidien. A ce niveau aussi, il y a une heure par jour utilisée par le titulaire, à sa discrétion, quoique en tenant compte des requêtes des parents.

L'objectif du secondaire est davantage disciplinaire qu'à l'élémentaire. En ce qui concerne la langue maternelle, on en approfondit la grammaire, on met l'accent sur l'apprentissage d'un vocabulaire varié, sur les compositions, sur l'étude des grands auteurs nationaux et internationaux.

— N'est-il pas illusoire de penser que tous s'intéressent à la grande littérature?

— On ne veut pas faire de tous de grands écrivains. Mais une langue s'enrichit dans la mesure où on la connaît et où on l'utilise. Comme tous doivent connaître minimalement certains grands textes des meilleurs auteurs, personne ne se plaint : on prend pour acquis que tel est le programme d'étude. Les auteurs mineurs sont étudiés par ceux qui veulent une étude plus exhaustive de la littérature, et non pas comme premier moyen de donner une formation littéraire.

— Sur quoi portent les examens nationaux, en littérature?

— Uniquement sur les textes des grands auteurs, qu'ils soient nationaux ou internationaux. Ces auteurs et ces textes sont prescrits d'avance par les autorités nationales.

— Pourriez-vous, sans entrer trop dans les détails, me donner une idée des disciplines qui font l'objet d'un examen national, à la fin du secondaire?

— Il y a un examen de grammaire de la langue maternelle, un examen portant sur la littérature nationale et un sur la littérature internationale. Ces deux derniers examens consistent en des dissertations. Voilà pour la littérature.

— Cela comprend-il les langues étrangères?

— J'y viendrai. Il s'agit jusqu'ici de la langue maternelle. En plus, nous insistons sur les mathématiques. Même si tous n'ont pas la «bosse des mathématiques», comme vous dites, nous jugeons essentiel que tous s'initient à la pensée abstraite, aux rudiments de la logique qu'exigent les mathématiques, et aux opérations dont on a besoin dans la vie courante. Sans faire une description détaillée du contenu, je peux affirmer que tous doivent se familiariser avec les rudiments de la géométrie, de l'algèbre, de la trigonométrie, entre autres choses. Les plus doués, forcément, approfondissent davantage ces matières, mais l'examen national de niveau A seulement est obligatoire pour tous.

— Et les autres sciences?

— Tous doivent réussir un examen de physique, un de chimie, un de biologie. Encore une fois, les plus doués peuvent se présenter à des examens plus avancés dans ces matières. Les autres disciplines qui font l'objet d'un examen national sont : l'histoire nationale, l'histoire internationale, la géographie nationale, la géographie internationale, les langues étrangères. A propos des langues étrangères, un seul examen dans une seule langue étrangère est obligatoire, mais ceux qui le veulent peuvent se présenter soit à un examen supérieur dans une seule langue soit à plusieurs examens de niveau A dans plusieurs langues. Le tout, comme toujours, est inscrit dans le carnet académique de l'étudiant.

— Les activités effectuées dans les «heures du titulaire» sont-elles aussi consignées dans le carnet académique?

— Non. Cependant, lorsque ces activités sont des cours dans des domaines faisant l'objet d'examens nationaux, elles permettent alors aux élèves de passer un examen de calibre supérieur. C'est le cas, notamment, lorsqu'il s'agit de cours de langues étrangères. Mais lorsqu'il s'agit d'activités dans des domaines pour lesquels il n'y a pas d'examen national, comme l'initiation à l'informatique, par exemple, alors rien n'est inscrit dans le carnet académique.

— Quant aux autres aspects des études, relativement à l'encadrement par les enseignants, la quantité de travail, les activités sportives, etc., je suppose que l'on procède un peu comme à l'élémentaire en tenant compte, bien sûr, de certains changements exigés par la différence d'âge.

— C'est cela. Par exemple, la quantité de travail à faire à la maison est portée de une heure qu'elle est à l'élémentaire à deux heures au secondaire. A ce niveau, on a généralisé la distinction entre les élèves qui arrivent bien à faire leur travail à la maison et ceux qu'on contraint à le faire à l'école, en fin d'après-midi.

— Comment établit-on cette distinction?

— C'est bien simple. Le titulaire, assisté des autres enseignants, observe rapidement quels sont ceux qui ne parviennent pas à faire à la maison ce qu'on lui demande de faire, et il en dresse la liste. Cette dernière demeure souple : si un élève s'amende et travaille bien, on ne le retient plus à l'école, et il peut désormais faire son travail à la maison. Inversement, parmi ceux qui sont autorisés à travailler à la maison, s'il y en a qui se relâchent un peu trop longtemps, ils sont contraints de demeurer à l'école, et ce, aussi longtemps qu'ils se sont relâchés. Habituellement, ils se ressaisissent assez rapidement.

— A l'âge de l'adolescence, les jeunes sont parfois assez turbulents. Comment assurez-vous la discipline, en classe?

— Il est évident que cette discipline dépend en grande partie de la personnalité de l'enseignant. Cependant, nous avons certaines règles que tous mettent bien en pratique. L'une d'entre elles repose sur le fait que l'école est d'abord un lieu de formation et d'apprentissage, et non une salle de jeu. De sorte qu'un élève qui nuit sensiblement et de manière continue au déroulement des activités est tout simplement exclu de sa classe pour une période variable, selon la gravité de son écart de conduite. Cependant, comme l'école est obligatoire jusqu'à seize ans, on ne l'exclut jamais de l'école.

— Même dans des cas de turbulence grave?

— Non. Il faut se rappeler que chez nous, tous doivent essayer d'avoir la plus grande considération pour les autres. Ce n'est pas parce qu'un élève est turbulent ou parfois dysfonctionnel qu'on doit le négliger pour autant. Dans l'école, il y a toujours au moins un enseignant disponible pour recevoir ces élèves, que ce soit pour une seule heure de cours, ou pour une période plus longue. Sa tâche est avant tout d'essayer de découvrir la source du problème, pour ensuite tenter de le régler le plus humainement possible. Dans les cas très graves, comme il en arrive, on a prévu des procédures pour orienter les élèves vers les spécialistes appropriés, vers des psychologues, par exemple. Dans les cas mineurs d'indiscipline, qui sont de loin les plus nombreux, il suffit très souvent que les élèves soient exclus de la classe — sans colère inutile — pour être pris en charge par l'enseignant disponible qui, après une courte conversation, lui confie un exercice à faire, que chaque titulaire lui a fourni au préalable au début de la semaine. Habituellement, ces élèves reprennent vite leur sérieux, car ils préfèrent de beaucoup demeurer dans leur classe avec les autres élèves de leur groupe. Alors, la discipline n'est pas un grave problème pour nous.

— Venons-en au niveau collégial, si vous le voulez-bien.

— D'accord. Les jeunes arrivent à ce niveau à dix-sept ans, pour la plupart. Ceux qui se destinent ultérieurement à des études universitaires ont un programme de deux ans de formation dite «générale», tandis que ceux qui y terminent leurs études dans un domaine plus technique suivent un programme de formation dite «professionnelle» qui dure normalement trois ans.

Lorsqu'ils commencent leurs études collégiales, les étudiants ont suffisamment de maturité pour prendre sérieusement en main leurs études. Mais ils n'en n'ont guère suffisamment pour être complètement autonomes. C'est pourquoi la formule retenue met fortement l'accent sur l'encadrement par les professeurs.

— Comment définiriez-vous, globalement, les objectifs de ce niveau?

— Pour tous les étudiants qui terminent leurs études collégiales, nous visons une formation de base qui leur permette de bien se débrouiller dans la vie, aussi bien sur le plan personnel que social, affectif ou professionnel. C'est pourquoi nous utilisons le terme «formation» dans un sens large qui englobe, bien sûr, la formation scolaire, mais aussi la formation dans d'autres dimensions qui ne sont pas strictement disciplinaires.

— Sauriez-vous donner un exemple qui illustrerait des aspects non scolaires de formation de base?

— Disons simplement qu'avoir un bon jugement n'est pas propre à une discipline particulière, mais que c'est utile dans la vie. L'accent sur le développement du jugement n'est pas strictement scolaire, même s'il peut se développer dans le contexte de disciplines. On n'a qu'à penser, par exemple, au jugement dans le domaine de l'art qui se développe dans un cours de l'histoire de l'art, ou dans un cours de peinture ou de littérature. Par ailleurs, on peut penser aux rudiments de la logique qui, eux aussi, peuvent contribuer à développer le jugement. Enfin, le souci de composer harmonieusement avec les autres, dans un contexte social, est sérieusement pris en considération au niveau collégial.

— Faut-il comprendre que l'art et la logique font l'objet de cours que tous doivent suivre?

— Ce n'est pas ce que j'ai voulu dire. Mais venons-en à l'aménagement des études proprement dites. Ce point deviendra plus clair. A chaque année, les cours s'échelonnent sur deux sessions de quatre mois, dont deux semaines d'examens. Pour certains cours, obligatoires pour tous, il y a un examen national. Pour les autres cours, il y a un examen dont la responsabilité incombe aux autorités locales. Dans les deux cas, les étudiants ont la possibilité de se présenter à des examens de difficulté supérieure, et les résultats (réussite ou échec, sans autre cote) sont inscrits au carnet d'études, en précisant à chaque fois s'il s'agit d'un examen national ou d'un examen dont on précise le collège.

— Si un étudiant échoue à un examen et que, dans une session ultérieure, il le réussit, ces deux résultats sont-ils inscrits dans le carnet?

— Oui. De même, si quelqu'un réussit l'examen de niveau A, mais rate celui de niveau B, auquel il s'est présenté, cela aussi est inscrit. Ce carnet dresse un portrait à long terme de son parcours, tout au long de ses études. On a prévu un certain nombre de codes qui précisent certaines raisons pour lesquelles il y a eu échec. Par exemple, le code «m» explique que l'échec est nettement attribuable à des causes de maladie ou d'accident, le code «p» réfère à des raisons majeures d'ordre personnel, comme de la mortalité dans l'entourage immédiat. Nous avons prévu une courte liste de ces raisons majeures et une procédure très stricte pour les inscrire au carnet d'études.

— Je vois. Continuons...

— Les cours sont dispensés dans le cadre de programmes, dont je reparlerai plus tard, mais aussi sur un fond de formation générale qui est relativement indépendant des programmes. Ainsi, tous les étudiants de niveau collégial doivent obligatoirement réussir un certain nombre de cours, dans plusieurs disciplines.

— Ce n'est pas très différent de ce que nous avons déjà.

— Attends. C'est très différent de ce que vous avez car, chez nous, il y a moins d'heures de cours, et l'organisation de la formation est très différente. Ainsi, les seuls cours obligatoires sont les suivants : d'abord un cours de méthodologie, qui vise à aider les étudiants à travailler efficacement, peu importe dans quel programme ils sont inscrits. Cela comprend des considérations sur l'organisation de son temps quotidien, hebdomadaire, et même sur l'organisation de toute sa session. Cela comprend aussi des données et des exercices concernant la manière d'étudier, de lire, de rédiger des textes techniques ou non techniques, de faire une recherche, etc.

— Tout cela est un domaine très vaste.

— Sans doute, mais notre objectif se limite à donner des outils permettant aux étudiants de ne pas perdre de temps et d'être efficaces dès que possible dans leurs études collégiales et, ultérieurement, dans leurs études universitaires ou dans leur travail professionnel.

— Outre ces cours...

— Il y a aussi deux cours de littérature (de la langue maternelle), qui visent à parfaire la connaissance de la langue et des grands textes littéraires, affinant ainsi à la fois ce précieux moyen d'expression qu'est la langue et aussi un certain jugement artistique. A cela s'ajoute un cours de logique non formelle qui vise à accentuer la capacité de penser rationnellement dans toutes sortes de contextes. Enfin, un cours d'éthique générale et sociale, qui vise le développement du jugement moral sur le plan personnel et socio-politique. Ce sont là les seuls cours obligatoires pour tous, et ils sont sanctionnés par un examen national que tous doivent réussir pour obtenir leur diplôme collégial.

— Est-ce vraiment utile d'exiger de quelqu'un qui voudrait exercer un métier très technique de réussir un cours de littérature?

— Même les métiers les plus techniques exigent que l'on comprenne correctement l'expression écrite d'une langue, parfois même dans ses subtilités de nuances. On a souvent vu des erreurs techniques attribuables au fait que les directives d'un manuel étaient mal comprises. Il en est de même de la capacité de penser rigoureusement et d'avoir un jugement moral solide. Je dois ajouter, cependant, que seul l'examen de niveau A, comme à l'élémentaire et au secondaire, est requis formellement. Ceux qui se destinent à un avenir plus... disons littéraire, comme les futurs journalistes ou historiens, ont intérêt à se présenter aux examens de niveaux supérieurs qui, eux, sont plus exigeants.

— Vous avez parlé des programmes, aussi, mais je voudrais surtout vous entendre sur ce que vous avez appelé l'organisation de la formation.

— Un mot seulement sur les programmes. Ils sont variés, et leur nombre dépend bien sûr d'un grand nombre de facteurs, notamment du nombre d'étudiants. Les éléments essentiels sont que chaque programme est défini au niveau national, et qu'au niveau local, au collège, les professeurs des différentes disciplines concernées prennent part à l'aménagement concret de ce programme, en fonction de balises nationales. Toutefois, les examens sont confectionnés localement, dans les collèges. Seuls les cours obligatoires pour tous font l'objet d'examens nationaux. Pour les autres cours, à chaque année, des inspecteurs nationaux vérifient la qualité de certains échantillons d'examens pris au hasard, dans les collèges, et quand il advient qu'elle laisse à désirer, pendant les trois années suivantes, les examens sont confectionnés à moitié par les autorités nationales, à moitié par les collèges. Si la qualité ne s'améliorait pas sensiblement, alors, pendant les trois années suivantes, ce sont les autorités nationales seules qui assumeraient la responsabilité des examens. Cette procédure rend possible un rajustement des collèges qui, au bout de trois ans, peuvent à nouveau assumer leur rôle concernant ces examens.

— N'entrons pas dans le détail des programmes...

— D'accord. Nous avons remarqué que vous avez chez vous un grand nombre de cours et surtout, un grand nombre d'heures de cours. Pour notre part, nous préférons un plus petit nombre de cours et d'heures de cours pour valoriser davantage un encadrement plus immédiat des étudiants. Sauf dans le cadre de quelques rares programmes, les étudiants suivent de quatre à cinq cours par semaine et...

— Est-ce très différent de chez nous?

— D'abord, ce nombre de cours est inférieur au vôtre. Là où il y a une grande différence, c'est que ces cours sont obligatoirement divisés en deux : deux heures de cours données par un professeur titulaire ou agrégé, et une troisième heure donnée par un professeur adjoint, sur les recommandations du titulaire ou de l'agrégé qui a la responsabilité du cours. L'adjoint met l'accent sur les aspects plus techniques du cours, et revient sur les difficultés les plus grandes rencontrées par les étudiants, lors des deux heures de cours proprement dits.

— Mais, quatre ou cinq cours, n'est-ce pas relativement peu?

— Notre option est de miser sur moins, mais de bien l'assurer. C'est pourquoi nous avons prévu des périodes strictement consacrées à l'encadrement des étudiants. On vient de le voir, les adjoints font un encadrement de groupe. En fait, il s'agit d'un encadrement de sous-groupes. Soit dit en passant, comme à l'élémentaire et au secondaire, les groupes-classes ne dépassent jamais vingt-cinq étudiants. Les sous-groupes rencontrés par les adjoints varient de cinq à dix étudiants seulement. Par ailleurs, chaque professeur titulaire ou agrégé a la responsabilité d'encadrer plus spécialement un groupe de dix à quinze étudiants, qu'il doit rencontrer statutairement une fois par mois, individuellement, pour discuter de la formation en cours, prodiguer des encouragements, repérer les défaillances majeures pour ensuite donner des conseils et, au besoin, assigner des exercices susceptibles de corriger la situation. Quand cela est nécessaire, le professeur fait appel aux adjoints pour le soutenir dans un encadrement prolongé des étudiants les plus en difficulté et parfois, il rencontre d'autres professeurs de ces étudiants pour discuter des moyens à prendre pour les aider plus efficacement.

— Si je comprends bien, les professeurs ont une énorme tâche!

— Elle est considérable, en effet. C'est pourquoi nous considérons qu'un professeur ne devrait jamais donner plus de cinq cours par semaine, à raison de deux heures par cours. Il rencontre ainsi un maximum de cent vingt-cinq étudiants par session dont il peut bien suivre l'évolution.

— Et à l'université, comment les choses se passent-elles?

— En gros, notre niveau universitaire diffère du vôtre à peu près comme notre niveau collégial diffère du vôtre. Ce que je veux dire, c'est que les différences majeures vont dans le même sens que celles qui concernent le collégial.

— Concrètement, qu'est-ce que cela donne?

— Pour l'essentiel, les programmes sont structurés un peu comme chez vous. Il y a un premier niveau que j'appellerai premier cycle, ou cycle du baccalauréat, pour employer votre terminologie. Ensuite, il y a la maîtrise. Et finalement, le doctorat. Les étudiants accèdent à l'université généralement à dix-neuf ans. Jamais un étudiant ne parvient à l'université sans au préalable avoir obtenu son diplôme collégial.

— Mais il doit bien y avoir des mesures pour les cas exceptionnels? Par exemple, si quelqu'un a laissé les études pour travailler, et qu'à trente ans il retourne aux études, ne doit-on pas tenir compte de son expérience?

— Sans doute. La façon dont nous prenons en considération cette expérience est de demander à ces candidats exceptionnels — en fait, ils sont assez nombreux — de se soumettre aux examens des niveaux qu'ils n'ont pas atteints, dès qu'une session d'examens se présente, afin qu'ils obtiennent d'abord les diplômes nécessaires. Ensuite, seulement, ils peuvent être admis à l'université. Généralement, l'expérience acquise permet à ces gens, avec un minimum de préparation, de satisfaire aux exigences d'admission de l'université, surtout s'il ne leur manque que leur diplôme collégial.

— Et les programmes?

— C'est un peu comme chez vous. Ils sont très variés, et comme chez vous, un premier cycle est échelonné sur trois ans, le deuxième cycle exige un minimum d'un an, souvent deux ans, tandis que le doctorat exige un an dit «de résidence» avec scolarité, et une thèse qui suppose un travail intense d'environ quatre ans, parfois un peu moins, parfois davantage, selon les disciplines, les sujets sur lesquels on effectue des recherches, et d'autres facteurs encore. Mais on essaie de faire en sorte que les étudiants n'éternisent pas indûment leurs études.

— C'est déjà comme cela, chez nous...

— Oui. Mais voici une différence notable. Au niveau du premier cycle, un étudiant à temps plein ne suit généralement que trois cours par semaine. Dans certains programmes où la dimension technique est importante — par exemple en ingénierie et en comptabilité, le nombre de cours est parfois supérieur, mais pas beaucoup. Nous insistons énormément sur le travail que l'étudiant doit faire, et sur son encadrement par les professeurs et par les étudiants gradués.

— Dans un cours standard, comment cela se passe-t-il, en pratique?

— Dans la plupart des cours, un étudiant reçoit au tout début de la session un document décrivant sommairement le contenu du cours, avec les exigences de travail à satisfaire, les échéances, les personnes à qui il peut demander de l'aide, etc. Chaque cours proprement dit ne comporte que deux heures par semaines. Une troisième heure est prévue, au cours de laquelle les étudiants rencontrent un assistant — il s'agit d'un étudiant gradué — qui, à son tour peut exiger du travail supplémentaire à celui demandé par le professeur qui dispense le cours. Le plus souvent, c'est l'assistant qui a la tâche des corrections mais, parfois, elles peuvent être effectuées par un autre assistant affecté spécifiquement à cette tâche. Le premier assistant a alors pour fonction d'aider les étudiants de son sous-groupe — il peut varier de dix à vingt étudiants — à mieux assimiler la matière du cours en revenant sur ses aspects les plus difficiles.

— Ce nombre restreint de cours suffit-il à assurer une formation de qualité?

— Sans aucun doute. A ce niveau, nous jugeons que la motivation et l'initiative de l'étudiant sont essentielles. C'est pourquoi nous exigeons beaucoup de travail personnel. Cependant, les cours demeurent importants. En gros, ils fournissent un cadre qui permet d'orienter l'étudiant dans le travail qu'il doit effectuer lui-même. La réussite d'un cours est généralement sanctionnée par l'approbation d'un travail écrit et d'un examen exigeant qui vérifie si le travail demandé a bel et bien été fait. Dans certaines disciplines il est assez fréquent qu'on n'exige que la réussite de l'examen. Là aussi, comme aux niveaux inférieurs, un étudiant peut toujours, après avoir réussi un examen de niveau A, se présenter à un examen de niveau B, ou C, etc., qui demande plus de compétence. Le tout est consigné dans le carnet d'études.

— Il reste que le nombre de cours est assez minime.

— C'est vrai. Je dois ajouter tout de suite, alors, que l'obtention du baccalauréat suppose la réussite de tous les cours, mais qu'en plus, il y a un examen général facultatif qui porte sur l'ensemble du domaine étudié.

— Que voulez-vous dire, au juste?

— Cela veut dire que pour obtenir un diplôme de premier cycle, il suffit de réussir tous ses cours. Mais, si un étudiant le veut, il peut se présenter à un examen qui a pour but de vérifier dans quelle mesure le candidat maîtrise l'ensemble du domaine d'étude dans lequel il est inscrit. Par exemple, si un étudiant fait un baccalauréat d'histoire, à la fin de la troisième année, après que tous ses cours soient terminés, il a l'option de se présenter à un examen général d'histoire. Cet examen général peut aussi porter sur l'orientation choisie par l'étudiant, au cours de ses trois années. Ainsi, s'il a choisi de s'orienter vers l'histoire de son pays, il pourra se présenter à un examen général dans cette matière. S'il a plutôt choisi l'histoire d'un pays autre que le sien, alors il pourra se présenter à un examen général sur cette autre matière.

— Dans d'autres disciplines, cela peut être très compliqué...

— Peut-être. Cependant, les formules peuvent être très variées. Il peut arriver que dans une certaine discipline, il n'y ait qu'un examen général avec, toujours, la possibilité de plusieurs niveaux de difficultés. Mais la plupart du temps, les deux options sont possibles : un étudiant peut se présenter à un examen général dans sa discipline, ou bien à un examen général d'une sous-catégorie de sa discipline.

— Il ne s'agit sans doute plus d'examen national...

— Non. Au niveau universitaire, il n'y a aucun examen national.

— Pouvez-vous donner un autre exemple que l'histoire?

— Prenons les mathématiques. Après avoir réussi tous ses cours de premier cycle, un étudiant pourrait se présenter à un examen général de mathématiques, tout court — il s'agit évidemment d'un examen de fin de baccalauréat. Mais il pourrait aussi se présenter à un examen général d'algèbre, ou de statistiques.

— Ce système d'examens cumulatifs est bien compliqué...

— Mais non! La pratique montre que c'est plutôt simple pour tout le monde. Et cette pratique a pour fonction d'inciter chacun, sans exercer de contraintes excessives et psychologiquement malsaines parfois, à donner sa pleine mesure. De plus, cela confère aux diplômes une crédibilité accrue. En effet, la lecture du carnet d'études témoigne du sérieux et de la compétence des étudiants.

— Un étudiant pourrait-il, une fois parvenu en maîtrise, se présenter à un examen de baccalauréat qu'il n'aurait alors pas réussi, par exemple un examen de niveau B?

— Non. Un étudiant ne peut se présenter qu'à des examens du cycle auquel il est parvenu. S'il est inscrit à la maîtrise dans une discipline, il ne peut se présenter qu'à des examens de ce niveau, dans cette discipline. Si par la suite il devait poursuivre des études dans un autre domaine, alors il pourrait se présenter à des examens du niveau auquel il serait parvenu dans ce nouveau domaine. Le tout étant toujours inscrit dans son carnet d'études.

— Revenons au nombre de cours, si vous le voulez bien. Au niveau du premier cycle, je le trouve bien réduit, par rapport à notre système. Qu'en est-il, aux niveaux gradués?

— Comme je l'ai déjà dit, nous insistons beaucoup sur le travail personnel. En fait, nous jugeons qu'au niveau universitaire plus que jamais c'est l'étudiant qui par ses efforts guidés, encadrés, assure l'essentiel de sa formation. C'est pourquoi nous exigeons beaucoup de travail, mais aussi que les cours soient relativement peu nombreux.

Nous considérons le premier cycle comme un niveau au cours duquel les étudiants doivent se familiariser avec les grands champs d'une discipline. C'est pourquoi presque tous les cours sont obligatoires. Ainsi, sur les six cours par année — dans la plupart des disciplines, mais non dans toutes — que doivent suivre les étudiants, aucun n'est optionnel, la première année. Un seul l'est, à la seconde session de la deuxième année, et un seul par session, à la troisième année.

Au niveau de la maîtrise, les étudiants doivent suivre deux cours par session, soit quatre au total. Trois de ces cours doivent obligatoirement être choisis dans le champ de spécialisation des candidats. Le dernier peut être choisi dans un champ connexe, mais dans la même discipline. Même si la spécialisation peut être amorcée quelque peu par le biais de certains cours optionnels, au premier cycle, c'est au deuxième cycle qu'elle débute vraiment. C'est pourquoi les programmes de maîtrise sont conçus de manière à approfondir un champ particulier d'une discipline. Et ceux qui choisissent de se présenter à un examen général doivent le faire obligatoirement dans le champ de leur spécialisation.

— Et le mémoire? Ces étudiants ont bien un mémoire à rédiger?

— Oui. Il s'agit d'un texte variant entre quatre-vingt et cent vingt pages sur un sujet précis, à l'intérieur du champ de spécialisation. Nous insistons sur la qualité de ce texte, c'est pourquoi nous exigeons qu'il ne dépasse pas la longueur maximale fixée.

— Et au doctorat?

— A ce niveau, le nombre de cours est très limité. Les étudiants doivent en suivre deux seulement. En fait, il s'agit plutôt de séminaires au cours desquels chacun doit présenter un texte élaboré sur un aspect de sa thèse. Le professeur amorce ces séminaires en présentant des textes fouillés — parfois les siens propres, parfois des textes majeurs d'autres personnes — sur des thèmes appartenant au champ choisi par l'étudiant. Comme au niveau de la maîtrise, chaque discipline se subdivise en grands champs, et un étudiant doit obligatoirement participer à deux séminaires appartenant au champ de sa spécialisation.

— Y a-t-il des examens obligatoires?

— Non. Cependant, les textes présentés à chacun des séminaires doivent être approuvés par le professeur. A ce propos, la qualité des textes doit être telle qu'ils soient en principe publiables dans des revues spécialisées. On n'exige pas qu'ils le soient de fait, mais le professeur responsable doit juger du niveau de qualité des textes présentés comme s'il était le directeur d'une revue spécialisée. Cela comporte un certain arbitraire, sans doute, mais les normes sont laissées vagues à dessein. A ce niveau, la recherche peut prendre des orientations tellement variées que nous avons jugé bon de laisser au professeur suffisamment de latitude pour encadrer, sans les étouffer, les recherches des étudiants.

— Et la thèse?

— Les exigences sont assez souples. On exige, bien sûr, qualité et rigueur. On met particulièrement l'accent sur la capacité des candidats d'expliquer clairement en quoi, exactement, réside le point central de leur thèse, et en quoi ce point est relativement nouveau dans le champ de spécialisation. En terme de longueur, on attend généralement des textes d'environ trois cents pages. Cette norme n'est pas absolument ferme, car les textes peuvent être très significatifs et innovateurs sans être très longs, et à l'inverse, un texte très long peut ne pas être innovateur du tout. On a déjà vu une thèse de doctorat en mathématiques qui ne dépassait pas vingt-cinq pages. Toutefois, son auteur avait réussi à résoudre un problème qu'on considérait jusque-là comme insoluble… Certaines disciplines comme l'histoire, par exemple, exigent généralement des thèses particulièrement élaborées. Enfin, cela est assez variable.

— Y a-t-il, comme aux autres niveaux, des examens?

— Nous recommandons — mais cela n'est pas une condition d'obtention du diplôme — que chaque candidat se présente à au moins deux examens généraux: l'un dans le champ de sa spécialisation, l'autre un autre champ. Mais cela ne fait pas l'objet d'une contrainte incontournable. Certains candidats préfèrent un ou deux examens dans leur propre champ de spécialisation. Comme toujours, les résultats de ces examens sont consignés dans le carnet d'études. On inscrit aussi le titre de la thèse et le nom du directeur qui a guidé l'étudiant dans sa recherche.

— Si je comprends bien, l'encadrement des étudiants est principalement la tâche des directeurs de mémoire ou de thèse…

— C'est cela, aux deuxième et troisième cycles. Au niveau du baccalauréat, les étudiants choisissent un tuteur, ou on leur en assigne un d'office pour l'année en cours. Tout au long du premier cycle, chaque étudiant doit statutairement rencontrer son tuteur une fois par session, individuellement, dans le premier mois de chaque session. Cette rencontre peut être brève ou plutôt longue, mais elle est obligatoire. Le but visé est d'établir un certain contact entre l'étudiant et au moins un professeur, et de faciliter la tâche de cet étudiant dans les pas à faire si, au cours de la session, il a besoin d'échanger sur le déroulement de ses études.

— Je serais bien curieux de voir comment tout cela se déroule, dans les faits… Même si tout votre système d'éducation me semble très sensé, plusieurs questions me viennent à l'esprit. Pour ne pas éterniser nos discussions, je me limiterai au problème du financement d'un tel système. Par exemple, je comprends très bien que plus le nombre de professeurs est grand, par rapport au nombre d'étudiants, plus l'encadrement peut être efficace, favorisant ainsi un meilleur apprentissage. Mais il y a un coût à cela. Chez nous, surtout ces dernières années, on a voulu limiter les dépenses en matière d'éducation — comme dans tous les domaines, d'ailleurs — et cela s'est répercuté notamment sur les ressources allouées pour les salaires des professeurs. C'est pourquoi je m'interroge sur le financement de votre système d'éducation.

— Sans rappeler tout ce qu'on a dit, relativement au domaine de l'économie, je tiens tout de même à faire ressortir l'idée que nous visons toujours la satisfaction des besoins les plus fondamentaux, au moins quant à l'essentiel de ces besoins. L'éducation est jugée très importante, c'est pourquoi, comme on l'a vu, une formation de base telle qu'on l'a définie est une priorité que l'on assume, quel qu'en soit le coût. Mais, comme chez vous, nos ressources ne sont pas illimitées. Aussi, nous avons pris des mesures pour nous assurer que le tout était économiquement viable. La première de ces mesures, on l'a vu, est que ceux qui le peuvent assument une partie des coûts. En clair, plus les étudiants avancent, dans leurs études, plus leur participation aux coûts est importante. Cela, en tenant compte de plusieurs facteurs.

— Je ne comprends pas très bien...

— J'ai déjà donné une idée de ce qu'il en coûtait aux étudiants pour défrayer une partie de leurs études, aux niveaux du collège et de l'université.

— Oui, je me souviens. Mais cela n'explique pas comment cet effort pécunier est limité à ceux «qui le peuvent»...

— Sur ce point, il y a deux éléments importants à considérer. Le premier, je le rappelle, est le contrôle que permet la carte d'identité, dont on a déjà parlé. Par son utilisation, les responsables de l'éducation sont en mesure d'évaluer les besoins des étudiants, et ainsi moduler des prêts à long terme et des bourses d'étude qui peuvent être très substantielles. Par ailleurs, nous avons un programme de bourses axé sur l'excellence des performances. A cet égard, l'outil principal, pour juger des candidats bénéficiaires, c'est le carnet d'études.

— N'est-ce pas promouvoir l'élitisme?

— Mais non! C'est promouvoir l'excellence. C'est encourager chacun à donner sa pleine mesure.

— Mais on sait très bien que les jeunes qui viennent de milieux favorisés ont de meilleures chances d'avoir de meilleures performances. On ajoute ainsi à leurs privilèges...

— Il ne faut tout de même pas se priver d'encourager l'excellence sous prétexte qu'il y a des inégalités! S'il fallait attendre que tous aient les mêmes résultats pour encourager les meilleurs candidats dans chaque domaine, ce serait carrément renoncer à l'excellence. C'est là une certaine logique de plusieurs, chez vous, qui a donné lieu à un abaissement des exigences académiques en général. Cela est très regrettable. Ce qui est loin de l'être, c'est de prendre en considération les difficultés de beaucoup d'étudiants qui sont attribuables au fait qu'ils viennent de milieux moins favorisés.

— En pratique, comment arrivez-vous à tenir compte de cette distinction?

— Par un programme de prêts et bourses basé essentiellement sur deux facteurs : les besoins attribuables à l'environnement économique familial, et les résultats scolaires.

— Cela doit être très compliqué!

— Parfois, oui. Mais, en général, c'est plus simple qu'il n'apparaît à première vue.

— Quelle pondération donne-t-on à chacun des deux facteurs?

— C'est variable, d'un pays à l'autre.

— Vous expliquez en partie comment les étudiants obtiennent des ressources. Mais vous n'expliquez pas comment la société ptoduit ces ressources...

— On a pourtant vu comment notre économie était pensée, dans ses grandes lignes. Déjà, d'immenses ressources sont par là disponibles pour l'éducation. Je rappelle, au passage, que certaines bourses d'étude sont obtenues par l'accumulation d'un travail volontaire de la part des parents. De plus, surtout en ce qui regarde les bourses d'étude basées sur l'excellence, une des principales sources est l'ensemble des fondations, que l'on retrouve à tous les échelons du système.

— Que voulez-vous dire, au juste?

— A l'élémentaire, comme au secondaire, et cela jusqu'au niveau universitaire, on retrouve dans chaque institution une fondation à laquelle contribuent volontairement les anciens étudiants, les parents, les gens du milieu, des entreprises. Dans chacune de ces fondations, on recueille des dons, dont une bonne part sont dits «ciblés», c'est-à-dire affectés à des fins spécifiques, dont les bourses d'études. Certains dons, notamment aux niveaux collégial et universitaire, sont affectés à l'achat de volumes et de revues, bref au fonctionnement des bibliothèques. D'autres visent à l'amélioration des bâtiments et de l'équipement Il y a diverses catégories de dons qui précisent ainsi l'utilisation des ressources recueillies. Dans les cas où les donateurs ne précisent rien, les gestionnaires des fondations décident de l'affectation des sommes reçues.

— Cela ne donne-t-il pas lieu à des décisions parfois «étonnantes»?

— Je ne sais pas à quoi tu fais allusion, mais je dirai simplement que ces fondations ne sont pas gérées n'importe comment. Il y a des lois très strictes qui veillent à ce que les sommes recueillies soient bien gérées. C'est d'ailleurs ce que les gens ont fini par constater, et ces fondations, même dans de très petites institutions, ont fini par jouir d'un certain prestige. Cela se traduit par l'importance des dons qu'on leur accorde. On voit dans ces organismes un mécanisme d'entraide volontaire qui est souple, et proche des besoins des gens qu'ils desservent.

— Si je comprends bien, c'est par le biais des bourses que vous pensez dissuader les étudiants de faire un travail rémunéré pendant leurs études?...

— Tout à fait. Mais il faut ajouter que certains étudiants préfèrent étudier à temps partiel, et travailler à temps partiel. Cela est un choix qu'on ne peut que respecter. Cependant, je ne crois pas que chez nous il y ait des étudiants qui puissent dire sérieusement qu'ils ne peuvent pas étudier à plein temps faute d'argent, et qu'ils doivent avoir des emplois en même temps qu'ils poursuivent leurs études.

— Si je me souviens bien, vous aviez souligné cela quand on a abordé le domaine de l'économie. En ce qui concerne la santé, aussi, vous affirmiez que ceux qui le pouvaient devaient apporter leur contribution...

— Oui. Si tu le veux bien, venons-en à ce domaine...

LA SANTE II

— Dans votre société, comment veillez-vous à la santé des gens?

— Comme dans tous les autres domaines, notre souci premier est celui des personnes. Le domaine de la santé n'est pas indépendant d'autres domaines d'activité, comme la politique, l'économie, l'éducation. Quand nous sommes confrontés à un problème, ce qui nous guide, avant toute autre considération, c'est le souci des personnes. Le domaine de la santé n'y échappe pas.

— Comment cela se traduit-il dans les faits?

— Par la préoccupation suivante : que tous et chacun soient en meilleure santé possible, que tous et chacun aient accès aux meilleurs soins possible. Ce souci primordial a des incidences majeures. La première est celle d'un difficile équilibre entre le respect de l'autonomie de chacun et des groupes, d'une part, et, d'autre part, des mesures incitatives et parfois contraignantes pour faire en sorte que notre préoccupation ne soit pas qu'un voeu pieux.

— Si vous deviez faire une comparaison entre notre société et la vôtre, quels traits majeurs feriez-vous ressortir?

— Sans doute ceux qui concernent ce qui, chez vous, fait l'objet de notre plus grand étonnement. Par contraste avec votre organisation des soins de santé et de toute autre activité reliée à la santé, j'essaierai de décrire quelques grandes mesures que nous avons adoptées concernant la médecine préventive, les ressources humaines et leur distribution sur le territoire et, finalement, la lutte contre les abus toujours susceptibles de miner l'ensemble de nos efforts pour veiller à la santé des gens.

— Ce sont là, en effet, les trois grands thèmes dont nous avions discuté lorsque nous avions abordé le domaine de la santé tel qu'organisé chez nous, et aussi dans d'autres sociétés de chez nous, parmi les plus avancées techniquement. A cette occasion, vous avez laissé entendre que vous aviez réussi à réaliser des merveilles. J'ai hâte de vous entendre, notamment à propos de la médecine préventive.

— Tu dis «merveilles»? En effet, il s'agit bien de merveilles. Mais non d'exploits. Car ce que nous avons réalisé est à la fois extraordinaire et extrêmement simple. La clé de notre succès est précisément du côté de la prévention des maladies. Autrement dit, nos efforts sont d'abord dirigés dans le sens d'habitudes saines, au lieu d'approches curatives sophistiquées.

— Que voulez-vous dire?

— Qu'au lieu de nous préoccuper en premier lieu de soigner les symptômes, nous nous sommes attaqués à la source même de nombreuses maladies.

— Expliquez-moi…

— Les maladies qui vous préoccupent le plus sont, je crois, les maladies coronariennes et le cancer.

— N'oubliez surtout pas le sida.

— Il est vrai que le sida est extrêmement grave. Mais à mon avis, sa nouveauté, autant que sa gravité, frappe l'imagination à la fois de la population en général et des professionnels de la santé. Pourtant, on ne peut pas dire que votre médecine réussisse des merveilles dans les cas de cancer.

— On réussit tout de même à en traiter plusieurs.

— Vraiment? Doit-on appeler traitement ce qui n'est qu'une mutilation? Enlever une tumeur cancéreuse, c'est peut-être préserver la vie du patient pour un moment, mais ce n'est pas le guérir de sa maladie.

— Que faites-vous de la chimiothérapie et de la radiothérapie?

— Ces traitements tuent sans discrimination les cellules de l'organisme. Leur pouvoir est de tuer tout ce qu'ils peuvent atteindre, aussi bien le patient que les cellules cancéreuses. Ils sont efficaces à l'égard de ces dernières dans la mesure, finalement, où ils menacent la vie même du patient. Comme traitement, c'est toute une réussite!

— Qu'avez-vous de mieux à nous proposer?

— D'abord, il faut comprendre que les maladies sont des dérèglements. Si le fonctionnement de l'organisme est déréglé, il faut tenter de comprendre pourquoi, et non se contenter de le redresser superficiellement. On peut maintenir à flot plus longtemps un bateau en train de couler, si on active les pompes qui évacuent l'eau de la cale, mais il est beaucoup plus efficace et sensé de colmater la brèche, les pompes devenant alors inutiles. En clair, je veux simplement dire que le cancer et les maladies coronariennes sont des réactions de l'organisme. Si on corrige ce à quoi il réagit ainsi, ces réactions deviennent par le fait même superflues. On n'a pas changé la réaction à une situation, on a éliminé la situation qui entraînait cette réaction.

— Etes-vous en train de dire que les efforts de notre médecine sont complètement inutiles?

— Non. Mais ils sont pour une bonne part mal dirigés. Si un projectile dans un organisme provoque une hémorragie, il convient de la contenir, sans doute, mais il importe aussi d'extraire le projectile. Toute la question est de savoir à quoi accorder la priorité, et dans quelle mesure.

— Bon, venons-en au fait, si vous voulez bien. Essentiellement, quelles mesures avez-vous adoptées, qui produisent des merveilles?

— La principale est tellement simple que, pour parer à toute charge sceptique, je m'empresse d'abord de faire état brièvement des résultats atteints chez nous grâce à elle. Le plus spectaculaire est que l'incidence des maladies coronariennes et du cancer a chuté de manière très significative. Je ne veux pas donner de chiffres, car ils sont tellement impressionnants que tu ne me croirais pas... et cela risquerait de miner le crédit que tu m'as accordé jusqu'à maintenant.

— Vous dites «le plus» spectaculaire... Pouvez-vous en évoquer d'autres?

— Je pourrais ajouter que beaucoup d'autres maladies très graves, en particulier celles qu'on appelle les maladies dégénératives — comme celle qu'on associe à une perte de mémoire de plus en plus grave chez les personnes âgées — sont beaucoup plus rares. Mais le résultat le plus grand, et qui risque de passer complètement inaperçu, c'est que les bien-portants se portent beaucoup mieux, se sentent beaucoup mieux. Ce dernier point n'est pas spectaculaire, mais il change beaucoup de choses dans le quotidien de chacun et de la société dans son ensemble.

— «Beaucoup de choses», c'est très abstrait. Pouvez-vous donner un exemple, sans le développer?

— Bien sûr. Chez nous, la criminalité est extrêmement réduite...

— Quelle est donc votre formule miracle?

— Il ne s'agit pas d'une formule miracle, il s'agit d'une mesure de sens commun.

— Bon, allez-y! Quelle est-elle?

— L'alimentation.

— Comment, l'alimentation? On sait très bien qu'une alimentation saine est tout indiquée, mais de là à en faire une panacée, il y a tout de même des limites!

— Ce n'est pas une panacée. Une saine alimentation ne règle pas tout, mais elle élimine beaucoup de maladies réputées incurables, et modifie souvent en profondeur l'humeur et les comportements des gens.

— Avant de nous aventurer plus loin dans cette discussion, dites-moi enfin ce que vous considérez comme une alimentation saine, et qui constitue votre principale mesure dans le domaine de la médecine préventive.

— Sans entrer dans les détails, elle consiste pour l'essentiel à se nourrir de céréales entières dans une proportion d'environ cinquante pour cent, de légumes frais, en particulier les légumes verts, de légumineuses, de soya et de ses dérivés, d'un peu de fruits, de noix, de poisson, de mollusques. Outre le poisson, nous évitons tout gras animal, y compris tous les produits laitiers, et le sucre sauf, en très petite quantité, le sucre dérivé des fruits. Autres éléments importants: nous insistons beaucoup sur le fait qu'il faille prendre ses repas lentement, dans un environnement calme, et mastiquer longuement les aliments.

— Vous n'excluez tout de même pas la viande!…

— Idéalement, oui, toute viande. Surtout la viande rouge, mais aussi la viande blanche.

— Seriez-vous donc à la solde des compagnies de céréales?

— Ce que vous appelez céréales est trop souvent un produit transformé, qui a perdu beaucoup de sa valeur nutritive. Quand je parle de céréales, j'entends des céréales entières, cultivées sans engrais, sans insecticides. Et cela vaut aussi pour les légumes et les fruits.

— Vous n'allez tout de même pas me dire que cela suffit à éliminer totalement les maladies comme le cancer et les maladies cardiovasculaires!…

— Le moins que je puisse dire, c'est que cela en réduit considérablement l'incidence. Si tu n'étais pas si sceptique, j'ajouterais même que certains, chez nous, ont vu leurs tumeurs malignes disparaître au bout de quelques mois…

— Vous vous moquez de moi!

— Pas du tout. D'ailleurs, ce que je dis est déjà largement connu, chez vous.

— C'est pourtant la première fois que j'entends de telles histoires…

— J'insiste pour affirmer que je ne dis rien de neuf. Chez vous, de nombreuses études très sérieuses, dont certaines commandées par vos gouvernements, vont déjà dans le même sens. En outre, de plus en plus de gens s'intéressent à ce qu'ils appellent la «macrobiotique», qui préconise le même genre de diète, en faisant état de résultats sur la santé et le bien-être que tu n'hésiterais sans doute pas à qualifier de miraculeux.

— Si cela est vrai, comment expliquez-vous que nos gouvernements et nos organisations médicales n'interviennent pas dans ce sens?

— J'ai mille fois répondu à cette question : tout est ultimement laissé au hasard, chez vous.

— Ne reprenons pas cette discussion, voulez-vous?...

— L'impératif économique est tellement considérable que je pense que même si vos dirigeants étaient tous d'accord avec moi, ils n'oseraient pas affronter les puissants lobbies. Imagine seulement que l'agriculture dans son ensemble, l'élevage des animaux domestiques, les usines de transformation, que tout cela soit complètement bouleversé par de nouvelles habitudes alimentaires... Tu vois d'ici les conséquences d'ordre économique que cela occasionnerait, dans l'immédiat? Et comme vos gouvernements ont le plus souvent le nez dans le court terme, ils n'oseraient pas prendre les mesures qui s'imposent.

— Pourtant, ils le font en ce qui concerne le tabac.

— Nous avons déjà touché ce sujet. Il s'agit d'une prise de conscience bien tardive. Les coûts liés au tabagisme sont tellement élevés que ce sont eux qui ont motivé vos gouvernements à prendre des mesures, encore timides dans certains pays, pour infléchir l'usage du tabac. Ce qui est révélateur, c'est que ces mêmes gouvernements n'interdisent pas l'exportation ni même la production du tabac.

— Si vous aviez raison, il est certain que ceux qui sont au courant des données dont vous me faites part les rendraient publiques, et que les gens seraient heureux de jouir d'une meilleure santé.

— Il y a déjà bien des gens qui tentent de répandre ces idées, dans le domaine de l'alimentation, mais les lobbies sont très puissants, comme je viens de le dire, et, pire encore, les habitudes alimentaires sont très tenaces...

— Pas au point cependant de faire le contrepoids à la crainte d'une maladie fatale!

— Cela arrive, parfois. Il est même arrivé que certains médecins, fermement convaincus de la véracité de mes propos, ont

155

préféré le risque de mourir à l'abandon de leurs habitudes alimentaires.

— N'est-ce pas désespérant? Dans l'hypothèse où ce que vous dites sur l'alimentation serait exact, comment nos gouvernements, nos corps médicaux, nos éducateurs, pourraient-ils intervenir?

— Certainement pas par la contrainte d'abord. La première chose à faire serait d'en parler, de faire connaître les faits pertinents. Le reste suivrait lentement. Comme dans le cas du tabagisme. Et au fur et à mesure que les mentalités se modifieraient à cet égard, les mesures législatives pourraient suivre de près et consolider le tout, comme dans le cas du tabagisme. Et cela, sans exercer de contraintes inhumaines.

— Mais, du point de vue des individus, on sait la difficulté de cesser de fumer. Ne serait-il pas encore plus difficile de changer de fond en comble leurs habitudes alimentaires?

— Pour opérer de tels changements, il n'y a qu'une seule méthode efficace. Elle consiste à prendre conscience des immenses avantages qu'ils entraînent. Peu à peu, la décision mûrit, et un jour elle est prise. Il ne s'agit donc pas de vanter les mérites d'un volontarisme aussi inhumain qu'inefficace. Il s'agit d'imaginer les résultats escomptés. Plus ils sont précis et clairs, plus ils ont tendance à se réaliser d'eux-mêmes. Ce n'est pas de la magie, c'est un fait d'expérience. En tout cas, chez nous, c'est comme cela qu'on en est venu à une alimentation saine. Chez vous, plusieurs personnes pourraient aussi confirmer qu'elles ont cessé de fumer de la même manière, sans difficulté ; d'autres, qu'elles ont abandonné une consommation excessive de sucre, de chocolat, d'alcool.

— Tout cela est incroyable... Et le manque de sens des responsabilités que vous attribuez à nos dirigeants n'est pas réaliste.

— Je ne veux pas reprendre ce que j'ai déjà dit à ce propos. Je fais seulement appel à ton bon jugement pour évaluer s'il n'est pas exact que bien des faits connus du public illustrent l'idée que les choses, qu'elles soient du domaine politique, économique, ou alimentaire, sont laissées au hasard. Il suffit de considérer la qualité de l'air environnant, la qualité de l'eau potable, le degré de sécurité entourant les centrales nucléaires ou les autres industries moins dangereuses à première vue, mais souvent tout aussi nuisibles pour la santé, à long terme, pour se rendre compte que le moment où les gouvernements décident enfin d'intervenir, quand ils le font, est le plus souvent très tardif.

— Dans le domaine alimentaire, quelles sont les mesures concrètes adoptées par votre gouvernement?

— Cela varie d'un pays à l'autre, encore une fois, mais dans la plupart de nos pays les gouvernements diffusent abondamment les données concernant les effets de plusieurs aliments sur la santé. Déjà, c'est un grand pas de fait, car souvent les gens ne savent tout simplement pas qui croire lorsqu'on leur recommande ou qu'on leur vante certains aliments. Ainsi, qui, chez vous, mettrait en doute les prétendues vertus bénéfiques du lait animal, et des produits laitiers en général? Et pourtant...

— Et pourtant quoi?

— Disons simplement que c'est là une question qui exigerait un nouvel examen très approfondi, en tout cas aussi approfondi qu'est tenace la croyance dans leurs bienfaits. Il faut dire que cela exige parfois un certain courage de nos gouvernements, car il arrive qu'une telle information entraîne des conséquences économiques non négligeables pour certaines entreprises et leurs employés. Mais, précisément, chez nous, l'Etat veille à ne pas laisser au hasard la santé des gens. Dans le cas précis que je viens d'évoquer, si des pertes d'emploi résultaient d'une réorientation partielle de l'industrie alimentaire, il est certain que l'Etat veillerait à atténuer cet impact, sans pour autant se substituer totalement aux lois du marché. Mais ne revenons pas sur le domaine de l'économie...

— Outre l'information, y a-t-il d'autres mesures gouvernementales?

— Quelques autres méritent d'être signalées. Quand nous avons abordé le domaine de l'économie, nous avons vu qu'il était question d'épiceries d'Etat et de réfectoires pour itinérants. Eh bien, il est certain que les aliments disponibles dans ces institutions sont conformes aux recommandations de nos gouvernements. Les autres mesures tiennent presque toutes à des incitatifs et à des recommandations.

— Presque toutes?

— Oui, car certaines contraintes mitigées sont tout de même nécessaires. Par exemple, au fur et à mesure que la population semble comprendre que le gras animal et l'excès de sucre et d'alcool sont nocifs, nos gouvernements n'hésitent pas à les taxer en conséquence, ce qui a pour effet de consolider de nouvelles habitudes alimentaires encore fragiles, sans pour autant dicter ce que chacun devra consommer.

— Outre l'alimentation, quelles mesures vos gouvernements prennent-ils en matière de médecine préventive?

— Il serait long d'en faire le tour, car, même si elles ne sont pas très nombreuses, elles sont relativement complexes. Elles concernent principalement la qualité de l'environnement. Je me limiterai à dire que les mesures adoptées dans ce domaine sont beaucoup plus strictes que chez vous. Inutile de dire que la qualité de l'air et des cours d'eau est de loin supérieure à ce qu'on peut observer chez vous, ce qui a une incidence notable sur la qualité de la santé.

— Vous aviez annoncé des considérations sur les ressources humaines, dans le domaine de la santé…

— En effet. Elles touchent à la fois à la formation de ces personnes et à leur répartition sur le territoire. C'est surtout sur le dernier point que je veux m'attarder. En ce qui concerne la formation, je reconnais volontiers que les standards de qualité dépendent en partie de l'urgence des ressources.

— Que voulez-vous dire, au juste?

— Ceci. Dans un pays où il y a un manque chronique d'infirmiers ou d'infirmières, par exemple, on ne peut s'attendre à pouvoir exiger pour ces personnes une formation dont les standards seraient comparables à ceux d'un pays où non seulement il n'y aurait pas de pénurie, mais plutôt un surplus de personnel qualifié. Dans ce dernier cas on peut se permettre de relever les standards, non dans le premier. Ainsi, dans les pays les plus avancés, techniquement et économiquement, on exige du personnel infirmier qu'il détienne un diplôme de premier cycle universitaire, alors que dans d'autres pays les exigences sont moindres. On peut tenir un raisonnement similaire dans les autres métiers et professions liés au domaine de la santé.

— Ces propos, qui semblent aller de soi, ne sont pas complètement indépendants du problème de la répartition des ressources humaines sur le territoire, car il arrive souvent que des personnes qualifiées dans un pays ne puissent recevoir d'autorisation de travailler dans un pays où les exigences sont plus grandes. Chez nous, c'est notamment le cas des médecins immigrants, qui ont beaucoup de difficulté à se voir reconnaître leur compétence.

— Ce problème est réel, en effet. On peut comprendre qu'une société doive veiller à la qualité de ses services de santé. Mais s'ajoute à cela une certaine mesquinerie, qui semble avoir pour résultat qu'on utilise ce prétexte afin de limiter délibérément le nombre de médecins, pour des raisons déjà évoquées, quand nous avons précédemment abordé le domaine de la santé.

— Je me rappelle en effet qu'on avait invoqué l'incapacité de former un plus grand nombre de médecins dans nos universités et dans nos hôpitaux universitaires, et aussi du conflit d'intérêts qui rendait plausible une volonté de restreindre le nombre de ceux qui se partageaient un budget limité pour la pratique de la médecine.

— Comme chez vous, nous avons déjà eu un problème de répartition des ressources humaines, en particulier de médecins spécialistes. Comme vous, nous avons d'abord tenté d'en inciter un nombre suffisant à s'établir dans des régions éloignées des grands centres urbains. Et, comme chez vous, ce fut un échec. Les pénalités pécuniaires temporaires à l'égard des nouveaux médecins n'ont pas été efficaces, car ou bien on courbait l'échine en maugréant, et on attendait tout simplement que se termine la période de pénalité — certains appelaient cela «faire son temps», comme dans le cas de prisonniers, insinuant par là qu'il s'agissait d'une «mesure répressive» digne d'un Etat totalitaire — ou bien on tentait de s'établir ailleurs, dans un autre pays où les mesures étaient plus libérales.

— Tout cela fait encore l'objet de discussions animées, chez nous. Comment avez-vous pu régler ces problèmes?

— Par des mesures relativement simples, et peu nombreuses. Essentiellement, nous avons voulu augmenter le nombre de médecins tout en maintenant le plafond des ressources investies globalement dans le domaine de la santé. De plus, nous avons créé des mécanismes qui permettent aux régions éloignées de jouir des services sophistiqués des grands centres urbains.

— Abordons d'abord ce dernier point, si vous le voulez bien...

— D'accord. Puisque les grands centres urbains jouissent de la présence d'un plus grand nombre de spécialistes, nous n'avons pas hésité à créer des liens entre les grands centres hospitaliers urbains et ceux des milieux éloignés. Les progrès de l'informatique permettent maintenant des consultations à distance qui sont souvent aussi efficaces que celles que l'on retrouve à l'intérieur d'un hôpital. Ainsi, les omnipraticiens et les spécialistes des centres éloignés sont beaucoup moins isolés.

— Il demeure que les spécialistes à la fine pointe de leurs disciplines ne sont pas autant disponibles que dans les grands centres urbains.

— Là aussi nous avons pris une mesure passablement efficace. Certains grands spécialistes font des visites d'une ou deux journées par mois dans les centres éloignés, de manière à les assister régulièrement dans les cas plus exigeants, mais qui ne sont pas trop urgents. Cela n'exclut évidemment pas que les patients qui ont un besoin urgent de soins très spécialisés doivent être référés aux grands centres hospitaliers. Leur nombre est cependant considérablement réduit. De plus, de telles visites permettent aux médecins locaux de recevoir des compléments de formation qui sont très appréciés.

— Et le nombre des médecins?

— J'y arrive. Une des mesures que nous avons adoptées a été de faciliter l'intégration de ceux qui avaient déjà une formation médicale reçue ailleurs. Si les standards de leurs pays sont inférieurs à ceux du pays hôte, ce dernier évalue les compléments de formation nécessaires et veille à les dispenser. Nos gouvernements sont pleinement conscients que les coûts de ce type de recyclage sont de loin inférieurs à ceux d'une formation complète de médecins, de sorte qu'ils n'hésitent pas à investir dans ce genre de programme. D'autant plus que ces nouveaux arrivants sont beaucoup plus facilement disposés à aller travailler en région, et ils s'y engagent assez facilement par contrat. Cela atténue considérablement la pénurie de médecins, en région éloignée.

— Cela n'augmente pas nécessairement le nombre global de médecins.

— En partie, oui, car le coût de la formation des immigrants ayant déjà une partie de la formation requise est assuré au départ. Et les places disponibles dans les universités sont mobilisées moins longtemps par ces candidats, de sorte que d'autres étudiants peuvent plus rapidement y prendre la relève.

— Si je comprends bien, cette relative réduction de coûts dans la formation est réalisée au détriment des pays d'origine des médecins immigrants...

— C'est vrai. Mais nous essayons de compenser cela par des programmes d'aide aux pays les plus défavorisés, notamment par la formation d'étudiants de ces pays qui s'engagent par contrat à retourner travailler dans leurs pays d'origine.

— Au total, ce n'est donc pas une véritable économie!

— Non, bien sûr. Cependant, là où nous pensons opérer une certaine réduction des coûts de santé, c'est dans l'augmentation des médecins salariés. Comme ces dernières années nous avons créé un grand nombre de cliniques de services communautaires, il nous a été relativement facile d'augmenter le nombre de médecins qui y travaillent. Et comme, expérience faite, les soins dispensés par des médecins salariés sont finalement moins onéreux que ceux dispensés autrement, il en résulte une certaine réduction de coûts pour l'Etat.

— Je suis un peu étonné que beaucoup de médecins consentent à travailler à salaire...

— Le mécanisme que nous avons instauré est très efficace. Nous avons mis sur pied un programme qui permet aux étudiants qui le veulent de faire leurs études de médecine en recevant un certain salaire, à la condition qu'ils s'engagent par contrat à travailler pendant quinze ans à salaire, pour l'Etat. Ainsi, le coût de leurs études est finalement remboursé, et cela assure une certaine stabilité du personnel médical des centres de services communautaires.

— Ces médecins doivent souvent regretter leur engagement. Ils doivent avoir l'impression d'avoir été piégés!

— C'est arrivé, à l'occasion. Mais, en général, c'est plutôt le contraire qui se produit. La plupart sont très heureux d'avoir pu faire des études avec une certaine assurance pécuniaire. Indice très éloquent, bon nombre de ces médecins gardent leur emploi après l'échéance de leur contrat de quinze ans, au lieu de s'établir à leur compte. Et lorsqu'ils décident de passer à la pratique dans un cabinet privé, le plus souvent, c'est dans le même milieu, souvent éloigné des grands centres urbains. De sorte que le problème de la pénurie de médecins dans les centres éloignés est pratiquement résolu.

— Vous ne m'avez tout de même pas expliqué encore comment vos institutions universitaires peuvent former un plus grand nombre de médecins, outre l'incidence du recyclage des médecins immigrants...

— Nous avons tout simplement investi les sommes qu'il fallait pour assurer la formation d'un plus grand nombre d'étudiants.

— Et comment peut-il en résulter une réduction de coûts pour l'Etat?

— Cela nous introduit aux abus dont nous avons déjà parlé. Car leur réduction a joué un rôle important dans la stabilisation des débours de l'Etat en matière de santé.

— Faut-il comprendre que la réduction de ces abus est le seul moyen de réduire les dépenses dans le domaine de la santé?

— Non, mais c'en est un très important. Avant d'y arriver, cependant, je veux insister sur deux autres facteurs. Je rappellerai d'abord que, chez nous, les mesures préventives ont un impact très considérable sur la santé de la population. Déjà, économiquement, c'est extrêmement significatif. Je ne veux pas fournir de chiffres, mais il est relativement aisé pour vos gouvernements de faire les études appropriées pour constater leur ordre de grandeur. D'ailleurs, ils disposent déjà d'études qui peuvent fournir un certain éclairage à cet égard. De plus, ces mesures préventives, notamment celle de l'alimentation telle que décrite précédemment, ont un effet notable sur le taux de criminalité. Cela contribue substantiellement à réduire les coûts que l'Etat a à assumer dans le domaine de la justice et de la sécurité sociale, sans compter que des criminels potentiels (dans l'hypothèse où nous aurions gardé un type d'alimentation comme le vôtre) contribuent positivement au développement de l'économie. En clair, non seulement ils ne sont pas une charge pour l'Etat, mais en plus ils jouent un rôle social positif.

— Voilà deux incidences de vos mesures préventives qui ont pour effet de réduire les dépenses de l'Etat. Et pour le reste, vous mettez la hache dans les abus?

— Pour l'essentiel, oui.

— Là commence la contrainte...

— Mais non!... Je l'ai pourtant déjà amplement souligné. Toutes ces mesures dont je parle maintenant, et celles adoptées dans d'autres domaines, ne tiennent pas d'abord à une volonté de l'Etat de s'immiscer dans les moindres détails de la vie des gens. Elles découlent d'un souci des personnes ou plus précisément, elles sont induites, pour ainsi dire, par un tel souci. Et cela se répercute sur la manière de les introduire.

— Comment montrer cela, concrètement?

— Comme j'aborde le problème de la réduction des abus, cela me donne l'occasion de faire état d'un mécanisme délicat qui, mal intentionné, pourrait être répressif. En tout cas, il pourrait instaurer un climat de méfiance qui serait malsain. Cependant, dans le contexte du souci des personnes, c'est plutôt le contraire qui se produit, il a un effet dont presque tous reconnaissent le caractère positif.

— De quoi s'agit-il donc?

— D'un mécanisme dont je n'ai pas encore parlé, mais qui s'applique aussi dans d'autres domaines comme l'administration publique, l'éducation, le système judiciaire, et d'autres encore, mais qui a été mis sur pied d'abord pour améliorer le domaine de la santé. Ce n'est que par la suite, compte tenu des résultats obtenus — qui ont largement dépassé les attentes les plus optimistes — qu'il a été appliqué dans d'autres domaines. Il s'agit de la mise sur pied de ce que nous avons appelé les «comités d'excellence».

— Comment dites-vous?

— Ce sont des comités très restreints qui ont pour fonction de veiller à l'excellence du travail.

— Faut-il donc des comités pour avoir le souci de l'excellence?

— Non, sans doute. Mais un jour, devant le nombre incalculable de plaintes souvent entendues à gauche et à droite, concernant le domaine de la santé, quelqu'un a eu une idée qui a fait son chemin. Cette personne, comme beaucoup d'autres, s'est lassée d'entendre les gens se plaindre des longues attentes dans les urgences d'hôpitaux, de la manière dont le personnel médical se comporte avec les patients, de multiples aberrations à propos de tout et de rien. De sorte qu'elle s'est décidée à répandre dans son milieu l'idée suivante : comme ce sont les «gens de terrain» qui sont en première ligne pour constater les dysfonctionnements d'un milieu de travail, ce sont eux qui sont les mieux habilités à entrevoir les correctifs appropriés.

— C'est faire bon marché de la compétence des autorités qui, disons-le, sont parfois très soucieuses des gens, et très efficaces...

— Pas vraiment, car le besoin du redressement d'une situation est d'abord ressenti par les gens qui travaillent «sur le terrain». D'ailleurs, leur rôle n'est pas en concurrence avec celui des autorités, comme tu le verras. Il est plutôt complémentaire. Concrètement, l'idée dont il est question a donné lieu au problème suivant: puisque les premiers concernés par un dysfonctionnement sont les plus susceptibles d'imaginer les correctifs, comment, sans tomber dans un système de délation, de «couteaux dans le dos», de bavardages plus ou moins insidieux et nuisibles, acheminer aux autorités compétentes les correctifs les plus appropriés?

— Vous allez sans doute m'arriver avec la traditionnelle «boîte à suggestions»!...

— Oui et non. L'idée de la «boîte à suggestions», que l'on trouve dans beaucoup de lieux publics, prend en considération le fait que les gens les mieux habilités à imaginer des correctifs sont ceux qui en profiteraient le plus. Mais il manque un élément crucial, l'assurance de ce que vous appelez le «suivi». Ce manque d'assurance est tel, chez vous, que vos «boîtes à suggestions» sont toutes vides. Bref, les gens n'y croient pas. Ce qui fait l'originalité de notre mécanisme est que le «suivi» est assuré par un comité...

— Encore une autre instance bureaucratique!

— Attends! Attends! C'est ce que l'on craignait, au début. C'est pourquoi des gens se sont réunis pour imaginer comment on pourrait tirer avantage efficacement des suggestions de «la base». Ce à quoi ils sont parvenus est l'idée qu'il y ait des responsables qui aient comme fonction spécifique de prendre au sérieux ces suggestions. C'est ce qui a donné lieu à nos comités d'excellence.

En gros, ils consistent en un très petit nombre de personnes chargées d'acheminer adroitement, et au bon endroit, les multiples suggestions concernant l'amélioration possible de tous les secteurs d'activité d'un domaine. Quand je parle d'un très petit nombre de personnes, cela peut vouloir dire une personne par institution de taille moyenne, de deux ou trois dans les très grosses institutions. Pour les plus petites, une seule personne peut assumer ce rôle dans plusieurs d'entre elles.

— Comment les gens n'ont-ils pas peur des mauvaises langues? Comment peuvent-ils faire confiance à un tel comité?

— L'esprit dans lequel il a été instauré était animé par une attitude de respect qui se voulait efficace dans l'amélioration des services de santé. Et, malgré quelques accrochages mineurs, les résultats ont été très vite encourageants, de sorte que la pratique s'est généralisée dans le domaine de la santé, et ensuite dans d'autres domaines.

— En pratique, comment les choses se passent-elles?

— Je me limiterai à un simple exemple. Mais auparavant, je veux signaler que les suggestions recueillies sont très souvent anonymes, surtout lorsqu'elles risquent de nuire à quelqu'un ou de le blesser de quelque manière. Il arrive cependant qu'il soit à l'avantage de la personne visée (lorsqu'une suggestion concerne une personne) d'être nommée explicitement, dans la suggestion. Sauf dans les cas-limites, sur lesquels je reviendrai, elle doit donner son accord explicite et écrit pour que la suggestion soit acheminée.

— Même s'il s'agit d'un abus vraiment scandaleux?

— Sans doute pas. Mais je reviendrai sur ce genre d'abus. D'abord mon exemple. Dans un hôpital, une infirmière a été frappée par le fait que de nombreux patients se plaignaient de l'intensité de la lumière, lorsqu'ils avaient à attendre des soins, allongés sur un lit. Elle a simplement pris l'initiative de faire une recommandation en bonne et due forme, concernant ce problème. En fait, sa suggestion n'était pas très pratique, mais le problème qu'elle a soulevé a été réglé à sa satisfaction, et surtout à celle des patients, sans qu'il en coûte quoi que ce soit à l'hôpital. Voilà un exemple simple, mais combien révélateur de la dynamique que cela peut instaurer quand il y a une filière fiable pour régler les problèmes ou les menus irritants…

— En est-il de même, dans le cas des abus relatifs aux soins de santé?

— Tout à fait! Quel que soit le niveau auquel on se trouve, qu'il s'agisse de celui des gens qui reçoivent des soins, de celui des techniciens de laboratoire, du personnel infirmier, des médecins, des administrateurs, il y a toujours quelqu'un qui est en mesure de constater des dysfonctionnements ou des abus. Et puisqu'il y a une filière pour acheminer une prise de conscience de ces problèmes et les suggestions concernant leurs éventuels correctifs, beaucoup contribuent à l'amélioration de leur milieu de travail, à la qualité de leur travail.

— N'est-il pas délicat, parfois, de faire connaître certains abus institutionnalisés, comme celui de l'utilisation d'examens sophistiqués et dispendieux qui contribuent à justifier l'achat d'équipement particulièrement onéreux?

— Sans doute. Mais, quelque part, il y a toujours quelqu'un qui peut en faire état, et acheminer ses remarques là où il le faut.

— Cela ne contribue-t-il pas à créer un climat de suspicion et de délation?

— C'est toujours possible. Mais, à l'expérience, ce qu'on craignait ne s'est pas produit. Il y a bien eu quelques cas malheureux, mais de rapides mesures ont été prises, qui ont corrigé la situation.

— J'aimerais bien en savoir plus long à ce sujet...

— D'abord, il faut dire une chose. Les personnes qui constituent les comités d'excellence sont triées sur le volet. Elles sont nommées en vertu de leur probité et de leur bon jugement. Une directive très claire qui leur est donnée concerne le fait qu'elles doivent toujours accorder un préjugé favorable aux personnes qui seraient prises en défaut. Dans la pratique, cela se traduit par le fait qu'elles n'ont pas le mandat, ni la mentalité qui l'accompagnerait, de tenter de coincer qui que ce soit, ce qui les amène à tolérer les abus, dans une certaine mesure. Mais il y a des limites...

— Justement! Comment évalue-t-on les cas-limites, et comment procède-t-on dans ces cas?

— Le jugement des membres des comités d'excellence n'est pas forcément infaillible, cela va de soi. C'est pourquoi leur manière de procéder est extrêmement prudente. Considérons deux exemples fictifs. Supposons qu'un membre du personnel d'un hôpital se rende compte qu'un médecin à qui la fonction administrative confère un pouvoir de décision quant à l'achat d'équipement sophistiqué et onéreux ait des parts importantes dans l'entreprise qui produit cet équipement. Cette personne, craignant la réaction de ce médecin (cela gâterait partiellement le climat de travail) en fait part au comité d'excellence à l'insu de ce dernier.

— N'est-ce pas «jouer dans le dos» d'un confrère de travail?

— C'est une façon bien rapide de juger de la situation. La manière de nommer les choses, parfois, véhicule un jugement de valeur à leur égard. Dans le cas présent, comment discerner entre «jouer dans le dos» d'un collègue et se rendre complice d'un détournement de fonds? En fait, cela n'est pas toujours aussi simple. C'est plutôt l'inverse : les choses sont le plus souvent complexes, et loin d'être limpides et tranchées au couteau. Par exemple, le médecin en question peut très bien agir dans le but de «faire un coup d'argent» tout à fait légalement, sans pour autant que cela soit incompatible avec son souci d'améliorer l'équipement de l'hôpital où il travaille. Cela, peut-on présumer, concilierait, selon son jugement, l'intérêt de la communauté desservie par l'hôpital et son propre intérêt financier. S'il a judicieusement investi dans une compagnie qui produit de l'équipement utile, pourquoi lui en ferait-on le reproche?

— Avec ce genre de raisonnement, on peut justifier bien des abus...

— Sans doute. C'est pourquoi les membres des comités d'excellence doivent être d'une extrême prudence. La manière d'intervenir est cruciale. Dans le présent exemple, la personne chargée du cas pourrait d'abord rencontrer le médecin en question et discuter du conflit d'intérêts possible et, au besoin, suggérer de référer le cas à une instance neutre, ne serait-ce que pour dégager le médecin de tout blâme éventuel.

— Et si le médecin refuse?

— C'est là, précisément, que le jugement éclairé du comité doit s'exercer. S'il s'agit d'un conflit d'intérêts qui n'est pas particulièrement évident, si les sommes concernées ne sont pas de nature à nuire sérieusement au bon fonctionnement de l'institution, le médecin pourrait tout simplement jouir du bénéfice du doute. Dans le cas contraire, le dossier pourrait être immédiatement référé aux instances supérieures qui ont le pouvoir d'intervenir efficacement.

— Dans les cas clairs d'abus, le préjugé favorable est-il maintenu longtemps?

— Cela dépend des cas. Ce qui m'amène au deuxième exemple auquel je pensais. Supposons qu'un médecin abuse manifestement du système en enjoignant à peu près tous ses patients à revenir le consulter «pour voir comment les choses évoluent», même quand cela est parfaitement inutile. L'intervention du comité d'excellence pourrait alors être plus ferme. Je suppose, bien sûr, que le cas est nettement établi, que l'information est parvenue au comité soit par le biais de la filière dont on a parlé, soit autrement, par exemple, par des vérifications faites au hasard, périodiquement, par les services du ministère de la santé. Dans ce cas, donc, la personne chargée du dossier pourrait, dans un premier temps, intervenir en rencontrant le médecin et en lui faisant remarquer qu'il semble (même si cela est parfaitement évident) y avoir abus de sa part. Cela lui donnerait une chance de s'amender. S'il ne le fait pas, il pourrait faire l'objet d'une surveillance particulière de la part des services du ministère, de rencontres subséquentes avec la personne du comité et, éventuellement, d'avertissements que des sanctions de plus en plus fermes seront prises à son égard. Dans tous les cas, la patience et l'importance du préjugé favorable sont fonction de la gravité des situations.

— En ce qui me concerne, je craindrais l'instauration graduelle d'un système de délation qui ne peut que miner le tissu social. Les excès particuliers, même s'ils sont nombreux, sont souvent largement préférables à un climat de suspicion généralisée.

— Cela est juste. C'est pourquoi nos gouvernements ont eu la sagesse d'adopter un critère qui leur permet de pallier cet inconvénient majeur.

— Vraiment? Lequel?

— Dans la mesure où il y a un tel climat, les comités d'excellence voient leurs pouvoirs et leur mandat se faire réduire.

— Comment évalue-t-on tout cela?

— Bien simplement. Périodiquement, selon une procédure dont on a parlé, lorsque nous avons abordé la politique, nos gouvernements consultent la population. On demande tout bonnement où en est le jugement de chacun, à cet égard. Si la réponse est négative, c'est-à-dire si la population affirme, à tort ou à raison, qu'elle voit un climat de suspicion s'instaurer, alors il y a marche arrière, de manière mesurée. Il y a aussi des consultations locales, ou par secteurs, parfois, mais toujours sous l'autorité plus ou moins immédiate des gouvernements.

— Et qu'en est-il des abus de la part des bénéficiaires des soins de santé?

— Les comités d'excellence jouent leur rôle à leur égard aussi. Mais il y a, en plus, d'autres mesures dont on a déjà parlé, et que je rappellerai rapidement.

— En quoi ces abus concernent-ils les comités d'excellence?

— Ces comités ont une double fonction : veiller à la qualité des services et à la réduction des coûts de ces services. Ces fonctions ne sont pas mutuellement exclusives, car la réduction des coûts permet de dégager des ressources qui peuvent être affectées à l'amélioration des services. En fait, tu ne t'en étonneras sans doute pas, le souci d'économiser est toujours motivé avant tout par le souci d'améliorer d'une manière ou d'une autre le sort des gens. C'est toujours le respect des personnes qui noyaute, pour ainsi dire, les mesures que nous adoptons.

— Et ces autres mesures?

— Rappelle-toi, quand nous avons abordé le domaine de l'économie, j'avais fait état de mesures à la fois simples, mais combien efficaces, dans la réduction des coûts. A cette occasion, j'avais affirmé qu'il était important, pour nous, que ceux qui peuvent assumer une partie des coûts des services de santé sans se ruiner, sans affecter sensiblement leur niveau de vie, le fassent. C'est comme cela que nous en sommes venus à établir une certaine tarification des services (visites chez un médecin, opérations chirurgicales, hôtellerie dans les institutions hospitalières, etc.) qui tempère les abus les plus fréquents et les plus criants auxquels nous avions à faire face antérieurement. Tout n'est donc pas gratuit, pour ceux qui peuvent raisonnablement assumer une partie des coûts, et les sommes ainsi épargnées — elles sont très considérables — par les services de santé sont alors disponibles aux plus démunis. Cela assure une plus grande universalité réelle des soins, par opposition à une universalité sur papier qui se traduirait mal dans la réalité. En fait, je peux dire que la réduction des coûts des soins de santé est par là tellement considérable qu'elle nous a permis d'affecter des ressources imprévues à la prévention et à la formation du personnel médical.

— Je vois bien en quoi cela est de nature à réduire les coûts des soins de santé. Ce qui est moins évident, c'est que par là, la qualité de ces mêmes soins soit améliorée.

— Pour cela, il faudrait faire le tour des réaffectations des ressources épargnées, ce qui serait bien long. Je me contenterai de faire valoir un seul point qui fait ressortir que les personnes qui ont besoin de soins ont une meilleure qualité de vie. Il concerne les personnes âgées. Contrairement à chez vous, une très grande majorité de ces gens, chez nous, vivent leur vieillesse entourés des leurs. En d'autres termes, nous accordons une très grande importance au désir du grand nombre de vivre dans leur milieu, plutôt qu'en institution. Cela exige un système très sophistiqué de soins et d'encadrement à domicile, mais il est apparu de plus en plus évident à tous les intéressés que sans être plus coûteux, il est beaucoup plus humain et intéressant pour les personnes âgées.

— Cela exige certainement beaucoup plus de personnel...

— C'est vrai. Mais vous savez déjà qu'il en coûte moins cher à l'Etat d'aider les gens à vivre chez eux, plutôt que de les héberger dans des institutions. De plus, et c'est là le point le plus important pour nous, ces gens sont plus heureux ainsi. Quant à l'augmentation du personnel affecté aux soins et à l'encadrement à domicile, il comprend plusieurs catégories : médecins, infirmiers et infirmières, mais aussi un très grand nombre de bénévoles et de jeunes qui font leur service social. Sans être mesquin ou insidieux, je peux affirmer que, curieusement, on a pu observer une chute considérable de la consommation de pilules de toutes sortes par les personnes âgées! Nous interprétons cela, avec prudence toutefois, comme un signe encourageant à l'égard de notre décision d'accorder de l'importance à notre politique de soins et d'encadrement à domicile.

— Chez nous, périodiquement, les milieux de la santé sont confrontés à des pressions sociales concernant deux sujets litigieux, l'avortement et l'euthanasie. Comment abordez-vous ces questions, dans votre monde?

— Même si ces sujets concernent le milieu de la santé, sous certains aspects, ils relèvent avant tout de l'éthique et de la politique. Chez nous, les positions sont partagées quant aux règles à établir, et c'est pourquoi il y a une certaine variété d'approches, d'un pays à l'autre. Cependant, nous nous entendons assez bien pour considérer que la règle fondamentale qui doit nous guider dans les décisions délicates, c'est toujours le respect des personnes.

— Dois-je comprendre que la plupart d'entre vous seriez des «pro-vie», en matière d'avortement, et que l'euthanasie est interdite?

— Ce n'est pas ce que j'ai voulu dire. Nous accordons une très grande valeur à la vie humaine, chez nous, et à la vie tout court. Cela ne veut pas dire qu'il découle de là que toute atteinte à la vie, quelle qu'elle soit, soit à condamner. Comme vous, nous n'hésitons pas à tuer la vermine, à nous débarrasser des insectes qui nous rendent parfois la vie impossible, et à tuer les mauvaises herbes. Pourtant, il s'agit d'êtres vivants. De même, nous n'interdisons pas la chasse, ou l'élevage en vue de la consommation, même si, comme on l'a vu, la consommation de la viande est très réduite.

— Mais, en ce qui concerne la vie humaine...

— Il y a, à ce propos aussi, des positions qui relèvent parfois de sentiments d'insécurité qui génèrent un certain fanatisme, c'est-à-dire un excès de zèle qui n'est pas toujours très réfléchi, et qui repose sur des croyances pas très claires. Les cellules humaines, bien que vivantes, ne doivent pas nécessairement être toutes protégées, envers et contre tous, en toutes circonstances. S'il fallait tout faire pour que les cheveux, les ongles, les ovules et les spermatozoïdes, les dents cariées, soient à tout prix toujours maintenus en vie, la vie — sans jeu de mots — deviendrait impossible! Ce qui fait ressortir que l'argument le plus souvent invoqué — à savoir que la vie, et en particulier la vie humaine, est sacrée — doit être raffiné.

— Et comment y arrivez-vous?

— Sans m'étendre indûment sur le sujet, je rappellerai simplement que ce qui nous guide, c'est le respect des personnes. Cela peut vouloir dire, par exemple, qu'on consent volontiers à laisser mourir en paix, selon sa volonté, un malade en phase terminale. Nous ne nous accrochons pas à l'idée qu'il faille à tout prix nous ingénier à le garder en vie artificiellement, le plus longtemps possible, même dans un état de vie végétative…

— Allez-vous jusqu'à autoriser l'euthanasie active?

— Nous n'avons pas de législation à cet égard. Cependant, notre cadre légal et la pratique médicale ne ferment pas étanchement la porte à ce que vous appelez l'«euthanasie active». Pour éviter les abus toujours possibles et les décisions par trop arbitraires, nous avons prévu un protocole extrêmement strict pour les cas de personnes très gravement malades, en phase terminale, et dont les souffrances sont insupportables. Ce protocole prévoit que le malade doit être capable de demander de manière répétée, réfléchie, qu'on fasse tout pour alléger sa souffrance, qu'on lui administre des sédatifs puissants, même au risque qu'ils soient… trop puissants…

— Et l'avortement? Est-il légal?

— Oui, en ce sens que les personnes qui y ont recours peuvent trouver l'assistance médicale appropriée.

— Vous avez donc tranché en faveur de l'avortement!…

— Non. Notre position, dans la plupart de nos pays, est que l'avortement et l'euthanasie sont des questions délicates qui relèvent avant tout des personnes concernées, et non de l'Etat. Cependant, les personnes responsables de l'administration des soins de santé doivent veiller à réduire les dégâts, quand on fait appel à elles. Si les avortements sont pratiqués de toute manière dans des conditions parfois sordides susceptibles de mettre en danger la vie physique et psychologique des femmes, et donnent lieu à des commerces illégaux, alors ces personnes leur donnent accès à des ressources médicales sans pour cela entériner un choix moral qui n'est pas forcément le leur.

— Il y a bien d'autres sujets sur lesquels j'aimerais vous entendre. Nous avons discuté de politique, d'économie, d'éducation, de santé. Cela me donne une certaine idée de votre organisation sociale. J'aimerais aussi savoir comment vous concevez les arts, la place que vous accordez aux sports, et une foule d'autres sujets que nous n'avons pas abordés, ou que nous n'avons fait qu'effleurer...

— Aimerais-tu qu'on prévoie d'autres rencontres?

EPILOGUE

Ces nombreux entretiens m'ont fait réfléchir. Non pas que je trouvais que ma société devrait en tout point être calquée sur celle que le vieillard m'avait décrite, mais je me disais qu'on aurait avantage à les imiter, lui et les siens, dans beaucoup de domaines. Je m'étais même pris à me laisser aller à rêver de vivre chez ces gens, en me demandant, abstraction faite des attachements affectifs qui me liaient aux miens et à mon environnement, quel monde je préférerais, au bout du compte, si j'en avais vraiment le choix. Mais cela, c'était un rêve éveillé… Comme le vieillard m'avait prévenu qu'il ne nous restait que quelques rencontres, peut-être même une seule, je voulais m'assurer de pouvoir éclaircir une question que je jugeais importante.

Parvenu sur les lieux habituels, je vis le vieillard qui semblait s'être impatienté de me voir arriver. Cela m'étonnait, car c'était la première fois que je le voyais perdre la maîtrise de lui-même. En fait, je me trompais. Il était quelque peu excité, c'est vrai, mais il avait l'air particulièrement fier de lui, et un sourire espiègle sur son visage me fit supposer qu'il me réservait une taquinerie dont il s'était déjà montré fort capable.

— Ah! te voilà! me lança-t-il.

— Oui, j'arrive un peu plus tard que d'habitude… Je m'étais laissé absorber par une question que je ne voulais absolument pas oublier.

— Abordons-la tout de suite, comme cela tu ne l'oublieras pas. Ensuite, j'ai une surprise pour toi…

— Une surprise? Quelle surprise?

— Tu verras. Et ta question?

— Eh bien, voilà. Je compare votre société à la mienne et je suis persuadé que nous aurions tout intérêt à modifier la nôtre, au moins dans certains domaines, pour qu'elle ressemble davantage à la vôtre. Mais j'ai peine à imaginer comment un tel changement pourrait être amorcé. Tout se tient dans une société. Et on ne peut tout de même pas tout recommencer à neuf. Ce serait d'une violence épouvantable. D'ailleurs, certains ont déjà tenté de tels changements radicaux dans leurs sociétés, et cela a donné lieu à des haines, à des violences, à des massacres, tels qu'on ne peut que souhaiter qu'ils ne se reproduiront jamais. Plus qu'un souhait, il faut prendre des mesures pour que cela ne se reproduise jamais!...

— Nous aussi nous avons eu ce genre de problème. Nous aussi nous avons fait des erreurs. Mais avec le temps, nous en sommes venus à une prise de position que nous avons toujours maintenue par la suite. Pour l'essentiel, elle consiste à tenir compte que lorsque c'est humainement possible, on ne doit pas bousculer les gens. Cette prise de position est dans le sillage de l'attitude qui fonde notre société, et que nous avons nommée, rappelle-toi, «respect des personnes».

— Cela n'est-il pas toujours possible?

— Sans doute. Mais je pense à des comportements qui parfois pourraient laisser penser le contraire. Par exemple, on a vu comment nous pouvions être très durs à l'égard de certains criminels. On peut aussi penser au fait que certaines urgences d'ordre médical peuvent exiger ce qui pourrait passer pour une certaine brutalité, aux yeux de certains. On s'est expliqué là-dessus, et on a vu comment l'attitude de respect que nous essayons de toujours maintenir peut parfois prendre des formes à première vue assez violentes.

— En effet...

— Ne pas bousculer les gens, cela peut vouloir dire renoncer à être le plus efficace possible, à court terme, pour miser sur un changement qui s'étale sur une plus grande période et qui donne des résultats plus durables.

— Mais, précisément, comment opérer ce changement?

— La seule manière qui nous semble acceptable, c'est de semer l'idée que l'attitude dont nous avons déjà parlé est la source de toute solution humaine et durable à beaucoup de problèmes.

— Mais certaines questions majeures ne peuvent pas attendre. Par exemple, si toute une portion de la population meurt littéralement de faim, peut-on attendre que tous, ou en tout cas un nombre de gens suffisamment grand, adoptent une telle attitude? Ce serait condamner ces pauvres gens!... Semer une idée, ça ne permet pas à quelqu'un de subsister!...

— Ce que je veux dire, c'est ceci. La seule manière féconde d'introduire résolument le respect des personnes, c'est en respectant soi-même les autres, ce qui peut prendre mille et une formes, dont, bien sûr, celle de contribuer soi-même à donner de la nourriture à quelqu'un qui en a besoin. Ceci n'exclut pas, non plus, que l'on tente de convaincre d'autres personnes d'apporter leur contribution, elles aussi. Cela peut aussi vouloir dire tenter de changer les structures sociales pour qu'elles soient conformes à la promotion du respect des personnes. Mais surtout, cela exclut toute contrainte visant à faire en sorte que les récalcitrants «respectent» les autres. Le respect, comme on l'entend, ne peut résulter de la contrainte, car il est une attitude qui vient de chacun, qui vient du meilleur de chacun. Et cela, on ne va pas le chercher par la contrainte. Une telle tentative ne pourrait que susciter le contraire, la haine, la rébellion.

— Si je comprends bien, c'est là exprimer un voeu pieux! Car il y en aura toujours qui ne penseront qu'à leur propre intérêt, et pour qui le respect des personnes est le comble de la naïveté.

— C'est ce que certains ont soutenu, chez nous. Mais la réalité est différente. Quand il y a suffisamment de gens qui respectent vraiment les autres, cela crée une atmosphère qui produit elle-même les incitations au respect. De sorte que, sans contrainte, dès qu'il y a suffisamment d'individus pour qui ce respect est vraiment important, les structures qui définissent leur milieu et qui caractérisent leurs activités en sont teintées, et contribuent à rendre leur vie meilleure.

— En quel sens «meilleure»?

— Dans tous les sens. La vie est alors plus agréable, et surtout, chacun considère que sa propre vie est plus comblante, plus significative, plus sensée.

— N'est-ce pas un peu…, pardonnez-moi d'être aussi direct, naïf?

— N'est-ce pas plutôt le contraire qui l'est?

— Que voulez-vous dire, au juste?

— Penser que changer les structures sociales peut changer les mentalités, et surtout l'attitude de fond que quelqu'un a vis-à-vis des autres, n'est-ce pas plutôt cela qui est naïf?

— Dans l'hypothèse où vous auriez raison, comment expliquez-vous que le respect des autres suffise à générer le respect des autres, et que cette attitude se répande d'elle-même?

— Cela a-t-il vraiment besoin d'être expliqué? Même sans explication, la personne qui est vraiment respectée par une autre est comme appelée, par reconnaissance, à éprouver et à manifester elle aussi du respect vis-à-vis de cette autre personne. Il s'agit là d'un fait d'expérience commune qu'il ne m'apparaît pas très utile d'élaborer. D'ailleurs, comment le ferais-je?

— En somme, si je comprends bien, il suffit de manifester du respect pour les autres pour qu'avec le temps on obtienne une société comme la vôtre?

— Il faut ajouter, cependant, que comprendre que le respect appelle le respect se traduit chez nous, en tout cas chez un grand nombre, par une attitude active de respect. J'entends par là que chacun ne reste pas là dans son coin à penser qu'il respecte les autres et que, si tous en faisaient autant, ce serait fort bien. Il faut, dans le véritable respect, une décision ferme de donner une forme à ce respect. Alors, les modalités se trouvent pour ainsi dire toutes seules. Mais, pourquoi insister? N'est-ce pas quelque chose que l'on voit souvent, dans la vie courante? Sans être de grands théoriciens, ces jeunes adolescents dont le coeur palpite pour leur «amour» trouvent bien moyen de le lui manifester efficacement, même si c'est parfois gauchement…

— Et vous pensez que cela suffit?

— Veux-tu le voir? La surprise que je te réservais, la voici. Si tu le veux, viens vivre chez nous le temps que tu voudras, et constate toi-même. Ne vois pas là une invitation qui a pour seul but de te convaincre de mes propos. C'est une invitation pure et simple qui est pour nous une manière de te manifester… du respect. Et si tu acceptes, je crois que les discussions deviendront superflues…

— Quoi? Mais il n'en est pas question du tout!

— Je pense que tu nous fais suffisamment confiance pour…

— Bien sûr! Mais là n'est pas la question. Sachez que votre invitation me touche énormément. Croyez-moi, j'y vois une marque de confiance inouïe à mon égard. Je vous en remercie bien chaleureusement. Et si spontanément je serais enclin à accepter d'emblée, c'est une invitation que je dois décliner, car mon attachement aux miens l'emporte sur ma curiosité. Plus fondamentalement, le respect que je décide d'avoir pour les autres me dirige d'abord vers les miens…

Je ne raconte pas les derniers instants de cette rencontre, qui a été la dernière et la plus émouvante. J'ajoute toutefois que je n'ai pas voulu demander si ce vieillard — ou quelqu'un d'autre de son monde — me reverrait un jour. Ils ne m'en ont rien dit, et c'est très bien comme cela.

E. Adam

Achevé d'imprimer
en août mil neuf cent quatre-vingt-quatorze
sur les presses de Imprimerie Quebecor Lebonfon
Une division de Imprimeries Quebecor inc.
Val-d'Or, P.Q.
Imprimé au Canada